Grundkurs Philosophie
Metaphysik und Naturphilosophie

GRUNDKURS PHILOSOPHIE

Band 1
Logik

Band 2
Metaphysik und Naturphilosophie

Band 3
Philosophie des Geistes und der Sprache

Band 4
Erkenntnis- und Wissenschaftstheorie

Band 5
Philosophie des Sozialen

Band 6
Politische Philosophie

Band 7
Ethik

Reclam

GRUNDKURS PHILOSOPHIE

Band 2

Wolfgang Detel

Metaphysik und Naturphilosophie

Reclam

RECLAMS UNIVERSAL-BIBLIOTHEK Nr. 18469
2007 Philipp Reclam jun. GmbH & Co. KG,
Siemensstraße 32, 71254 Ditzingen
3., durchgesehene Auflage 2014
Druck und Bindung: EsserDruck Solutions GmbH,
Untere Sonnenstraße 5, 84030 Ergolding
Printed in Germany 2023

ISBN 978-3-15-018469-1
www.reclam.de

Inhalt

Einleitung

Dieses Buch ist der zweite Band einer fünfteiligen Einführung in die Grundlagen der theoretischen Philosophie, die um zwei Bände zur Ethik und zur politischen Philosophie ergänzt werden soll. Theoretische Philosophie befasst sich vornehmlich mit Aktivitäten und Ideen, die mit der Art und Weise zusammenhängen, wie wir die Welt auffassen und auf sie reagieren – mit dem Fühlen, dem Denken, dem Argumentieren und dem Erklären, aber auch mit unseren Ideen von der Natur, vom Geist und vom sozialen Bereich.

Eines der zentralen Ziele der ersten fünf Bände der kleinen Reihe besteht darin, einen Überblick über alle wichtigen Teildisziplinen der modernen theoretischen Philosophie zu liefern. Die Bände stellen ein ausführliches Kompendium der modernen theoretischen Philosophie dar, das die wichtigsten Begriffe und Positionen aller wichtigen Teildisziplinen der modernen theoretischen Philosophie präsentiert, und zwar in einer möglichst knappen, genauen und verständlichen Form. Der damit verbundene inhaltliche und formale Anspruch unterscheidet die folgende Darstellung sowohl von allgemeinen Einführungen in die Philosophie als auch von speziellen Einführungen in einzelne philosophische Teildisziplinen.

Der riskante Versuch, einen derartig umfassend angelegten Überblick zu liefern, ist in didaktischer Hinsicht dadurch motiviert, dass es in der modernen theoretischen Philosophie sehr viele Details zu lernen gibt, dass es aber zugleich wichtig bleibt, nicht den Blick auf das Ganze zu verlieren. In theoretischer Hinsicht ist die Anlage der Bände dadurch motiviert, dass sich die Teildisziplinen der theoretischen Philosophie in den letzten Jahrzehnten immer stärker miteinander vernetzt haben. Dabei sind vor allem die großen Fragen der Philosophie wieder aufgenommen und zum Teil auf eine neue und höchst interessante Weise beantwortet worden.

Die Präsentation des umfangreichen Stoffes erfolgt rein systematisch. Philosophische Vorkenntnisse werden nicht vorausgesetzt. Die Begriffsbildungen und Positionen werden Schritt für Schritt eingeführt und bauen aufeinander auf. Daher werden sie nummeriert. Dabei bezeichnet die erste Zahl die Bandnummer und die zweite Zahl die entsprechende Explikation (= begriffliche Erläuterung). Die Nummerierung läuft durch alle Bände durch, beginnt also nicht in jedem Band von vorn. »1.35« verweist beispielsweise auf Explikation 35, die in Band 1 steht, »3.150« auf Explikation 150, die in Band 3 vorkommt, und »5.300« auf Explikation 300 und damit auf die letzte Explikation in Band 5.

Fast alle Explikationen werden kommentiert und durch Beispiele erläutert. Wenn zu einem eingeführten philosophischen Begriff ein weiterer Fachausdruck existiert, der dasselbe bedeutet, wird er in den meisten Fällen in runden Klammern hinter einem Gleichheitszeichen angegeben.

Der Text enthält zahlreiche interne Verweise auf Explikationen, die bereits eingeführt wurden, zuweilen aber auch auf Explikationen, die erst später eingeführt werden. Dadurch soll das begriffliche Netz, das in diesen Bänden entfaltet wird, transparenter und die Erinnerung an schon eingeführte Kontexte geschärft werden. Ein Verzeichnis der wichtigsten Begriffe dient demselben Zweck. Zu den einzelnen Kapiteln und den meisten der aufgeführten philosophischen Explikationen werden am Ende eines jeden Bandes Übungsaufgaben gestellt, die den Lernprozess unterstützen und zugleich auf die konkrete Anwendbarkeit der eingeführten Explikationen verweisen.

Von ihrer Anlage her gesehen stellt diese Einführung daher einen Grundkurs dar, der auch einem Selbststudium und als Hintergrundinformation für philosophische Proseminare dienen kann. Die einzelnen Kapitel und Bände bauen begrifflich und sachlich aufeinander auf, sollten also in der angebotenen Reihenfolge studiert werden. Alle Kapitel und Bände zusammengenommen entwickeln die Grundzüge einer einzigen umfassenden Theorie. Mit Hilfe eines guten Philosophie-Lexikons können die einzelnen Bände allerdings auch unabhängig voneinander gelesen werden.

Der erste Band der Einführung in die theoretische Philosophie behandelt argumentationstheoretische und logische Grundlagen, auf die in allen weiteren Kapiteln zurückgegriffen werden muss. Der zweite Band beschäftigt sich mit philosophischen Theorien zu den grundlegenden allgemeinen Bausteinen der Welt, d. h. mit Metaphysik im allgemeinsten Sinn – insbesondere mit Theorien des Seins (Ontologie oder Metaphysik im spezielleren Sinn), mit der Naturphilosophie und mit der Theorie natürlicher und lebender Systeme. Der dritte Band hat den Geist mit seinen unterschiedlichen Ebenen zum Gegenstand, also den Ebenen des Fühlens, des Denkens, der Sprache und des Bewusstseins. Dieses Thema wird im vierten Band weitergeführt mit der Behandlung weiterer Formen des Geistigen, nämlich von Wahrnehmung, Wissen und Wissenschaft. Der fünfte und letzte Band schließlich behandelt den Bereich der Handlungen, des Sozialen und ihrer wissenschaftlichen Analysen. Vom zweiten bis einschließlich dem fünften Band wird also in Umrissen die Entwicklung vom Natürlichen über das Geistige zum Sozialen aus philosophischer Perspektive nachgezeichnet.

Einschlägige philosophische Texte und Autoren können in dieser Einführung aus Platzgründen nicht diskutiert werden. Am Ende der Übungen eines jeden Kapitels der Bände werden jedoch einige moderne Texte (Artikel oder Buchabschnitte) angegeben, in denen zu den entsprechenden Themen Bahnbrechendes geleistet wurde. Die Texte wurden so ausgewählt, dass ihre Lektüre mit einigen der wichtigsten Autoren bekannt macht, die die heutige Philosophie geprägt haben.

Ein Werk, das auf schmalem Raum einen Überblick in dieser Spannweite versucht, muss letzten Endes eine Kompromisslösung bleiben. Nichts kann hinreichend ausgeführt werden, vieles muss ausgelassen oder vereinfacht werden. Ein besonders schmerzliches Defizit ist der – aus Platzgründen erforderliche – Verzicht auf eine ausführliche Darstellung der Argumente für und gegen die eingeführten Positionen. Ich bin jedoch im Laufe meiner Unterrichtstätigkeit zu der Überzeugung gekommen, dass die Vorzüge eines solchen Überblicks seine Nachteile übertrumpfen. Einer dieser Vorzüge besteht darin, dass die Leser anhand dieses Überblicks recht schnell entscheiden können, ob sie philosophische Probleme interessant finden und welche dieser Probleme ihnen besonders attraktiv zu sein scheinen.

Diese Einführung in die theoretische Philosophie soll ihrem eigenen Anspruch nach nicht empirisch immunisierte begriffliche Vorschläge präsentieren. Einige der Positionen und Begriffsbestimmungen, die auf den folgenden Seiten skizziert werden, sind in der heutigen Philosophie umstritten und repräsentieren nicht die Auffassungen des Verfassers des Grundkurses. Vielmehr werden durchweg Standardbegriffe und Standardpositionen präsentiert, die weit verbreitet sind und die man daher kennen sollte, wenn man die laufenden Debatten zur gegenwärtigen theoretischen Philosophie angemessen verstehen möchte. Außerdem handelt es sich im Folgenden um Vorschläge, die mit dem Anspruch auf Weltwissen verbunden sind. Die Philosophie des Geistes glaubt beispielsweise, das reale mentale Phänomen der Repräsentation weitaus angemessener und raffinierter analysieren zu können als Psychologie und Neurobiologie. Die Kehrseite des philosophischen Anspruchs auf Weltwissen besteht freilich darin, dass sich auch philosophische Theorien an der Wirklichkeit bewähren und sich gegebenenfalls von anderen empirischen Wissenschaften belehren lassen müssen. In diesem Sinne versteht sich dieser Grundkurs auch als ein Angebot an nicht-philosophische Wissenschaften, sich bei Bedarf über Grundzüge der modernen Philosophie rasch zu orientieren.

Die Anlage dieser ersten fünf Bände verdankt sich langjährigen didaktischen Experimenten und Erfahrungen mit einem Grundkurs zur theoretischen Philosophie der Gegenwart, den ich wiederholt am Philosophischen Institut der Goethe-Universität Frankfurt am Main durchgeführt habe. Außerordentlich hilfreich waren dabei die (anonymen) Evaluierungen der verschiedenen Varianten des Grundkurses. Die Tutoren und Tutorinnen, die die Tutorien zum Grundkurs engagiert betreut haben, konnten mir aufgrund ihrer intimen Kenntnis des Stoffes und der Diskussionen in den Tutorien viele wichtige Hinweise zur besseren Verständlichkeit des Textes und der Übungsaufgaben liefern. Für dieses Engagement möchte ich mich bei allen Beteiligten herzlich bedanken.

4. Metaphysik

Die Idee der Metaphysik

Eine der *Grundfragen der Metaphysik* lautet: Welche Arten von Gegenständen kommen in der Welt vor? Diese Frage wird gestellt, seitdem es überhaupt Philosophie im Sinne der westeuropäischen Kultur gibt – seit dem Beginn der Antike, als die *mythische* Frage der *Kosmogonie*, woraus die Welt *entsteht*, durch die *philosophische* Frage der *Kosmologie*, woraus die Welt *besteht*, abgelöst wurde. Die Idee der Metaphysik ist, im Gegensatz beispielsweise zur Idee der Prädikation (1.4) oder der Logik, so alt wie die Philosophie selbst.

Die meisten von uns werden der Behauptung zustimmen, dass wir selbst existieren – schließlich beginnen wir gerade über diese Frage nachzudenken und zu reden. Das liefert, wie einer der berühmtesten Philosophen, René Descartes, bemerkt hat, einen exzellenten Anhaltspunkt dafür, dass wir selbst existieren. Und wir haben auch wenig Anlass zu bezweifeln, dass die Gegenstände, die wir in der externen Welt beobachten können, wie Berge, Bäume, Tische, Tiere oder andere Menschen, real existieren. Aber wie verhält es sich beispielsweise mit Zahlen, algebraischen Strukturen und Naturgesetzen (2.70–2.73)? Oder mit Werten wie der Gerechtigkeit, mit Normensystemen wie unserem Rechtssystem, nicht zu reden von Zeit und Raum? Sollten wir behaupten, dass logische Regeln und Musikstücke zu den Gegenständen gehören, die in unserer Welt vorkommen? Gewiss können wir beispielsweise *I can't get no satisfaction* hören, in einem Konzert oder auf einer CD; aber ist dieser Song identisch mit einer oder mit allen seinen Aufführungen? Eher möchte man sagen, dass es sich stets um dasselbe Musikstück handelt, das immer wieder neu aufgeführt und interpretiert wird – diese

Interpretationen können wir hören, nicht aber, so könnte man meinen, das Musikstück »selbst«, das eine recht rätselhafte Existenz zu haben scheint. Was ist schließlich mit all den Gegenständen, von denen die verschiedenen Wissenschaften reden? Die klassische griechische Tragödie als Literaturgattung beispielsweise oder Superstrings oder der Hellenismus oder das Kapital? Angesichts dieser und ähnlicher Beispiele können wir sehr wohl ins Grübeln kommen – zumindest sind die Philosophen seit alters her ins Grübeln gekommen. Die *allgemeine Metaphysik*, also Metaphysik im allgemeinsten Sinne, versucht die Frage zu beantworten, welche Arten von Gegenständen es im Universum gibt (dabei wird der Ausdruck »Gegenstand«, wie bisher auch, auf extrem unspezifische Weise gebraucht, um mit diesem Begriff nicht unter der Hand bereits metaphysische Vorentscheidungen einzuführen: *Gegenstand* ist alles, für das wir »etwas« sagen können).

Besonders intensiv ist bis heute darüber debattiert worden, ob *Möglichkeiten* und *Notwendigkeiten* zum Inventar unserer Welt gehören. Vielleicht wäre es möglich gewesen, dass George W. Bush jr. niemals zum Präsidenten der USA gewählt worden wäre. Und vielleicht war der Zusammenbruch der DDR unvermeidlich und notwendig. Nehmen wir an, diese Behauptungen seien wahr – gehören diese Möglichkeit und diese Notwendigkeit dann zu den Tatsachen in unserem Universum oder sind sie nur Formen unserer Beschreibung der Welt? Die *essentialistische Metaphysik* tendiert zur ersten Alternative, die *antiessentialistische Metaphysik* zur zweiten Alternative (»Essenz« ist ein altes Wort für Gegenstände, deren Existenz mit Notwendigkeiten verknüpft ist).

Wenn wir über die Frage nachdenken, welche Arten von Gegenständen es im Universum gibt, ist es naheliegend, weitere Fragen zu stellen, beispielsweise

(a) was wir unter dem Begriff »Existenz« zu verstehen haben,

(b) was wir über die Gegenstände und ihre Struktur wissen können allein aufgrund der Tatsache, dass sie existieren oder real sind,
(c) ob es in Hinsicht auf die Existenz der Gegenstände Abhängigkeitsverhältnisse gibt – welche Gegenstände *im primären Sinne existieren*, und welche Gegenstände zwar existieren, aber *nicht auf selbstständige Weise* (gibt es also Gegenstände, deren Existenz von der Existenz anderer Gegenstände abhängt, und gibt es Gegenstände, deren Existenz von der Existenz anderer Gegenstände *nicht* abhängt?).

Die letzte dieser Fragen mündet in einem *metaphysischen Reduktionsprogramm*. Die *reduktive Metaphysik* will angeben, ob *und* inwiefern die Existenz gewisser Arten von Gegenständen auf die Gegenstände reduziert werden kann, die im primären Sinne existieren und daher das grundlegende Inventar unserer Welt bilden. Auch die reduktive Metaphysik ist so alt wie die Metaphysik selbst. Materialismus und Idealismus beispielsweise sind bekannte traditionelle Versionen einer reduktiven Metaphysik. Denn die Materialisten wollen alles, was existiert, auf die Existenz materieller Gegenstände zurückführen, und die Idealisten wollen alles, was existiert, auf bestimmte Formen des Geistes zurückführen. Heutzutage ist die Auffassung verbreitet, dass erst die reduktive Metaphysik *seriöse Metaphysik* ist und dass mit der reduktiven Metaphysik überhaupt erst die spannenden und schwierigen Probleme der Metaphysik formuliert werden können.

In der Philosophie wird der Ausdruck »Reduktion« anders verwendet als in der Alltagssprache. Im Alltag denken wir z. B. bei einer Reduktion der Kosten, des Personals, der Preise oder des CO_2-Ausstoßes an eine Verminderung bestimmter Ausgangselemente. In der Philosophie, und daher auch in der Metaphysik, versteht man unter Reduktion dagegen entweder das Zurückführen einer Entität auf eine Basis bei *vollständigem Erhalt* aller Ausgangselemente oder die Identifizierung der Entität mit einer Basis (zum Kunstausdruck »Entität« vgl. 2.43 (1)).

Kant hat eine zusätzliche *kritische metaphysische Reflexion* ins Spiel gebracht, die Zweifel daran anmeldet, dass wir uns einfach unbefangen, gleichsam in einem direkten Zugriff, den existierenden Gegenständen zuwenden können. Denn es gibt Anhaltspunkte für die Annahme, dass unsere Auffassungen darüber, welche Gegenstände es gibt, auch davon abhängen könnten, wie wir als Wesen mit einem bestimmten Wahrnehmungs- und Begriffsapparat auf die Welt reagieren. An diesem prekären Punkt kommt die Metaphysik in Kontakt mit der Epistemologie (= Erkenntnistheorie).

Zuweilen wird *Metaphysik* mit *Ontologie* (= Lehre vom Seienden) identifiziert, aber meist gilt Metaphysik gegenüber der Ontologie als die umfassendere Disziplin: Kernfragen der Ontologie lauten, welche Arten von Gegenständen es gibt und welchen Existenzbegriff wir verwenden sollten; die Metaphysik stellt darüber hinaus vor allem die oben genannten Fragen (b) und (c). Ontologie ist dann stets auch Metaphysik, aber das Umgekehrte gilt nicht. Diesem Sprachgebrauch werden wir uns anschließen.

2.42 *Spielarten der Metaphysik*

(1) *Allgemeine Metaphysik* entwickelt Theorien darüber, welche Arten von Gegenständen es in der Welt gibt.
(2) *Essentialistische und anti-essentialistische Metaphysik* debattieren speziell über die Frage, ob Möglichkeiten und Notwendigkeiten zu unserer Welt gehören.
(3) *Reduktive seriöse Metaphysik* entwickelt Theorien, die (a) auszeichnen, welche Arten von Ge-

genständen im primären Sinne existieren (d. h. in ihrer Existenz nicht von der Existenz anderer Gegenstände abhängen), und die (b) angeben, wie die Existenz aller anderen Arten von Gegenständen auf die primär existierenden Gegenstände zurückgeführt werden kann.

(4) *Kritische Metaphysik* untersucht, inwieweit unsere Auffassungen über die Existenz bestimmter Gegenstände auch von unserem besonderen Wahrnehmungs- und Begriffsapparat abhängen (zur Wahrnehmung 4.18[4] (3)).

Im weiteren Verlauf dieses Kapitels werden einige der wichtigsten Thesen und Positionen dieser vier Spielarten von Metaphysik vorgestellt.

Allgemeine Metaphysik

Die zentrale Frage der allgemeinen Metaphysik – welche Arten von Gegenständen gibt es? – ist traditionell vor allem in zwei speziellen Fassungen diskutiert worden: Gibt es nur konkrete oder gibt es auch abstrakte Gegenstände? Und: Gibt es nur einzelne oder gibt es auch allgemeine Gegenstände?

Die Beantwortung dieser Fragen führte zu einigen klassischen Positionen der allgemeinen Metaphysik. Beginnen wir mit einigen Beispielen und betrachten wir zunächst einzelne Gegenstände (auch *Einzeldinge* genannt) wie

(a) Kant, dieser Tisch vor mir, der zurzeit älteste Mensch;

(b) die frühe Neuzeit, die Zahl 7, die Quantenmechanik, das Boyle-Mariotte-Gesetz, die Zauberflöte.

Die Gegenstände, die unter (a) aufgelistet wurden, sind wahrnehmbar und nehmen eine bestimmte Position in

Raum und Zeit ein, sind also in diesem Sinne *konkrete* Einzeldinge. Aber auch die Gegenstände unter (b) sind Einzeldinge: eine bestimmte historische Episode, eine bestimmte Zahl, eine bestimmte Theorie, ein bestimmtes Naturgesetz (2.70–2.73), ein bestimmtes Musikstück; diese Einzeldinge sind jedoch zeitlos und nicht wahrnehmbar; wir könnten sagen, sie sind *abstrakt*. Die zentrale Eigenschaft von Einzeldingen ist jedoch in jedem Fall ihre *Nicht-Wiederholbarkeit* (= *Einmaligkeit*).

Wie steht es mit folgenden Beispielen?

(c) rot sein, groß sein, laut sein, schemenhaft sein;
(d) Naturgesetz, Oper, Zahl, Theorie, wertvoll sein, Bedeutung.

Im Gegensatz zu den Einzeldingen unter (a) und (b) sind die Gegenstände unter (c) und (d) *wiederholbare* Gegenstände – Gegenstände, die durch verschiedene Einzeldinge instanziiert werden können, also *allgemeine* Gegenstände, die man auch *Universalien* nennt (die Eigenschaft, quadratisch zu sein, wird z. B. durch alle quadratischen Einzeldinge instanziiert – die quadratischen Einzeldinge sind *Instanzen* der Eigenschaft, quadratisch zu sein). Allerdings sind die Universalien unter (c) konkret, die Universalien unter (d) dagegen abstrakt. Und wir könnten dann auch auf der linguistischen Ebene *Nominatoren* (1.2, 1.3), die sich auf Einzeldinge beziehen, *konkret* oder *abstrakt* nennen, je nachdem, ob sie sich auf konkrete oder abstrakte Einzeldinge beziehen, ebenso wie wir *Prädikatoren*, die Universalien ausdrücken, *konkret* oder *abstrakt* nennen können, je nachdem, ob sie konkrete oder abstrakte Universalien ausdrücken.

2.43 *Allgemeine Arten von Gegenständen*

(1) Einzeldinge und Universalien:
Einzeldinge sind nicht-wiederholbare Gegenstände, die zu einer bestimmten Zeit eine bestimmte

Raumposition einnehmen können. *Universalien* sind wiederholbare Entitäten (»Entität« vom lateinischen *ens* (Seiendes) ist ein verbreiteter Kunstausdruck für Gegenstände im allgemeinsten Sinne), d. h., zu verschiedenen Zeiten und an verschiedenen Orten kann ein und dasselbe Universale von verschiedenen Einzeldingen instanziiert werden.

(2) Konkrete und abstrakte Gegenstände:
Wenn Gegenstände wahrnehmbar sind, und nur dann, wenn sie zugleich auch eine bestimmte Position in Raum und Zeit einnehmen, sind sie *konkret*. Wenn Gegenstände zeitlos und unveränderlich sind, und nur dann, wenn sie zugleich auch nicht-wahrnehmbar sind, sind sie *abstrakt*.

(3) Es gibt nach (1) und (2) vier allgemeine Arten von Gegenständen: Einzelne konkrete Gegenstände; einzelne abstrakte Gegenstände; konkrete Universalien; abstrakte Universalien; entsprechend gibt es auf der linguistischen Ebene *konkrete* und *abstrakte Nominatoren* sowie *konkrete* und *abstrakte Prädikatoren* (1.2, 1.3).

Dieser Erläuterung zufolge ist Wahrnehmbarkeit eine hinreichende, aber nicht notwendige Bedingung von Konkretheit, denn es gibt konkrete Einzeldinge, die nicht wahrnehmbar sind, z. B. nicht mehr existierende Artefakte oder verstorbene Menschen (für uns nicht wahrnehmbar) oder Neutrinos (wahrscheinlich prinzipiell nicht wahrnehmbar). Die Eigenschaft, eine bestimmte Raum-Zeit-Position zu haben, ist dagegen eine notwendige, aber nicht hinreichende Bedingung (1.12) für Konkretheit, denn z. B. dem Hellenismus könnten wir eine bestimmte Position in Raum und Zeit zusprechen, indem wir sagen, wann und wo er verbreitet war. Entsprechend ist Zeitlosigkeit und Unveränderlichkeit eine hinreichende, aber nicht notwendige Bedingung (1.12) für Abstraktheit, denn es gibt abstrakte Einzeldinge, die nicht zeitlos und unveränderlich sind, z. B. den Dreißigjährigen Krieg, die Bedeutung von »Natur« oder physikalische Felder. Nicht-Wahrnehmbarkeit ist dagegen eine notwendige, aber nicht hinreichende Bedingung für Abstraktheit, weil es auch nicht-wahrnehmbare konkrete Gegenstände gibt.

Die in 2.43 verwendeten Kriterien zur Unterscheidung von konkreten und abstrakten Gegenständen – Wahrnehmbarkeit und raum-zeitliche Position – sind nicht ganz unproblematisch. Soll beispielsweise die Wahrnehmungsfähigkeit auf unsere rein sinnlichen Fähigkeiten beschränkt sein oder die Verwendung von Instrumenten und Schlüssen aus Anzeichen einschließen? Wenn man Wahrnehmungsfähigkeit weitherzig versteht, wird man darunter letztlich die Fähigkeit zur Interaktion mit anderen Gegenständen verstehen, aber dann müssen wir den Begriff der Interaktion erläutern, was an dieser Stelle jedoch nicht möglich ist. Und es mag Gegenstände geben, die keine Raumposition haben, wohl aber eine Zeitposition, wie etwa das Baseball-Spiel, das als Universale zwar nirgendwo existiert, aber zu einer bestimmten Zeit erfunden wurde und vielleicht zu einer bestimmten Zeit auch wieder vergessen sein wird. Mit 2.43 ist daher nur eine erste Annäherung an die Unterscheidung von konkreten und abstrakten Gegenständen geleistet, die in manchen paradigmatischen Fällen anwendbar sein mag, aber für diffizilere Fälle nicht immer greift.

Jetzt können wir die beiden wichtigsten Positionen der allgemeinen Metaphysik skizzieren: den *ontologischen Realismus* und den *Nominalismus*. Beide Positionen gehen von einer Binsenwahrheit aus, nämlich von der These:

(*) Wir finden in unserer Umwelt einzelne Gegenstände vor, die sich aufgrund von Ähnlichkeiten nach Eigenschaften klassifizieren lassen.

Beide Positionen versuchen die beiden oben genannten Fragen:

(i) Gibt es nur konkrete oder gibt es auch abstrakte Gegenstände?
(ii) Gibt es nur einzelne oder gibt es auch allgemeine Gegenstände?

zu beantworten und These (*) zu erklären. Der *ontologische Realismus* ist metaphysisch großzügig und macht sich für die Existenz von Universalien und abstrakten Gegenständen stark, während der klassische *Nominalismus* für metaphysische Sparsamkeit plädiert und nur konkrete und einzelne Gegenstände als existent anerkennen möchte. Diese Debatte hat die Philosophiegeschichte über lange Strecken beherrscht und einen allgemein anerkannten Namen erhalten:

2.44 *Universalienstreit*

Der *Universalienstreit* ist die Jahrtausende alte Debatte zwischen ontologischem Realismus und Nominalismus.

Durch welche Kernthesen sind die beteiligten Positionen gekennzeichnet? Beginnen wir mit dem ontologischen Realismus:

2.45 *Ontologischer Realismus (= Universalienrealismus)*

(1) These (*) setzt voraus, dass es zwei Arten von Gegenständen gibt: Einzeldinge und Universalien. Die Tatsache, dass einzelne Gegenstände eine Übereinstimmung in einigen Eigenschaften

aufweisen, wird dadurch erklärt, dass sie dieselben existierenden Universalien instanziieren.

(2) Mit Prädikatoren (1.2, 1.3) können wir auf Universalien referieren: Insbesondere referieren die Prädikatoren in einfachen Prädikationen (1.4) in derselben Weise auf Universalien wie die Nominatoren (1.2, 1.3) auf Einzeldinge. Zumindest einige Prädikationen sind wahr und die Referenz (1.10) ihrer Prädikatoren ist daher zutreffend. Diese zutreffende Referenz impliziert die Existenz von Universalien.

(3) Im Alltag und im Rahmen vieler wissenschaftlicher Theorien quantifizieren (1.28) wir über Universalien, und einige dieser Quantifikationen sind wahr. Wahre Quantifikationen implizieren aber Existenz.

(4) Mit abstrakten Nominatoren können wir auf abstrakte Objekte referieren, und wir können über abstrakte Objekte quantifizieren. Auch einige dieser Fälle von Referenz und Quantifikation sind wahr, und dies impliziert die Existenz von abstrakten Gegenständen und Universalien.

(5) Universalien können ihrerseits durch allgemeinere Universalien bestimmt sein, d. h., auch Universalien können (allgemeinere) Universalien instanziieren; daher können auch Universalien untereinander Übereinstimmungen in ihren Eigenschaften aufweisen.

Im Satz »Christine ist intelligent« beziehen sich beispielsweise dem ontologischen Realismus zufolge »Christine« auf Christine und »intelligent« auf die Eigenschaft, intelligent zu sein; im Satz »Das zweite Präludium des *Wohltemperierten Klaviers* steht in c-moll« beziehen sich »Das zweite Präludium des *Wohltemperierten Klaviers*« auf einen abstrakten Gegenstand, nämlich das zweite Präludium in Bachs berühmtem Klavierwerk, und »steht in c-moll« bezieht sich auf die Eigenschaft, in c-moll komponiert zu sein. Und wenn eine Wissenschaftshistorikerin behauptet, dass es einige falsche wissenschaftliche Theorien gibt, die sich mit historischem Erfolg behauptet haben, oder wenn ein Wissenschaftstheoretiker behauptet, alle Naturgesetze (2.70–2.73) seien an jedem Ort im Universum gültig, dann sind diese quantifizierten (1.28) Behauptungen dem ontologischen Realismus zufolge Hinweise auf die Existenz von abstrakten universellen Gegenständen wie wissenschaftlichen Theorien oder physikalischen Naturgesetzen.

Ein ontologischer Realist besteht also darauf, dass nicht nur die These (*), sondern auch Fälle sprachlicher Referenz und logischer Quantifikation die Existenz von abstrakten Objekten und Universalien sehr plausibel machen.

Genau das wird vom *Nominalisten* vehement bestritten. Im Satz »Christine ist intelligent« bezieht sich »Christine« dem Nominalismus zufolge auf Christine und im Übrigen der gesamte Satz auf das einzelne Faktum, dass Christine intelligent ist. Aber »intelligent« bezieht sich nicht auf einen externen Gegenstand. Natürlich ist der Nominalist verpflichtet, unsere sprachliche Verwendung abstrakter und universeller Ausdrücke im Rahmen seiner sparsamen Metaphysik zu erklären. An diesem prekären Punkt wurden unterschiedliche nominalistische Antworten vorgeschlagen. Eine dieser Antworten lautet, dass Prädikatoren wie »Mensch« sich auf einzelne Gegenstände beziehen, die darin übereinstimmen, dass sie Menschen sind, dass diese Übereinstimmung aber nicht einem existierenden Universale »Mensch« geschuldet ist, sondern dass das Faktum, dass etwa ein einzelner Gegenstand ein Mensch ist, absolut basal ist und keiner weiteren Erklärung bedarf. Andere Nominalisten fügten hinzu, dass das, was wir verstehen, wenn wir Prädikatoren verstehen und sinnvoll in sprachlicher Kommunikation einsetzen, Abstraktionen oder innere mentale Bilder sind, die unser Geist im Blick auf existierende einzelne Gegenstände herstellt. Und Sätze wie »Blau ist eine Farbe« oder »Die Menschheit richtet sich zugrunde«, die auf abstrakte Gegenstände wie Blau (= die Blauheit) oder Menschheit zu referieren scheinen, sind als Allquantifikationen über einzelne Gegenstände zu rekonstruieren, also im Sinne von »Alle blauen Gegenstände sind farbig« und »Die Menschen richten sich zugrunde«. Einige Formen von abstrakter Referenz wurden auch metalinguistisch interpretiert, also als Sätze *über* sprachliche Fakten – z. B. der Satz »Blau ist eine Farbe« im Sinne von »Blau ist ein Farbprädikator«.

2.46 *Klassischer Nominalismus:*

(1) Es existieren keine Universalien (2.43) und keine abstrakten Objekte, sondern nur konkrete Einzeldinge (einzelne konkrete Gegenstände und konkrete Fakten, d. h. Fakten derart, dass konkrete Einzeldinge konkrete Eigenschaften oder Relationen haben). Insbesondere These (*) (vgl. S. 19) erfordert nicht die Annahme von Universalien.

(2) Sätze der Form »P(a)« (mit einem konkreten Nominator (1.2) »a« und einem konkreten Prädikator »P«) referieren auf die Tatsache, dass a ein P ist. Die Tatsache, dass Einzeldinge in gewissen Eigenschaften miteinander übereinstimmen, ist ein *basales Faktum*, das keiner weiteren Erklärung bedarf. Daher ist auch die *Referenz* auf solche Umstände ein basales Faktum und erfordert nicht die zusätzliche Annahme, dass das Universale P selbst auch existiert. Wenn insbesondere der Satz »P(a)« wahr ist, dann *erfüllt* das Einzelding a den Prädikator »P«.

(3) *Abstrakte Referenz* und *sinnvolle Verwendung von Prädikatoren* sind jeweils reduzierbar auf Allquantifikationen über konkrete Einzeldinge, auf metalinguistische Aussagen oder auf Sätze über mentale Abstraktionen und Bilder.

Wie bereits bemerkt, sind ontologischer Realismus und klassischer Nominalismus traditionelle Positionen der allgemeinen Metaphysik, die die metaphysischen Debatten über lange Perioden der Philosophiegeschichte hindurch beherrscht haben. Aber es wurden auch einige moderne Varianten dieser traditionellen Positionen entwickelt. Einige moderne Nominalisten haben ihre metaphysische Untersuchung über die Universalien hinaus beispielsweise auf Mengen, Propositionen, Sachverhalte und Ereignisse ausgedehnt. Zwei Vorschläge sind besonders einflussreich geworden: die These, dass es einzelne Eigenschaften und Relationen gibt – z. B. die spezifische Intelligenz, die nur Sokrates hatte, die also einzig und allein Sokrates eigen war, sowie die These, dass es neben einzelnen konkreten Gegenständen auch einige abstrakte einzelne Gegenstände gibt, z. B. Mengen. Eine besonders radikale moderne Form des ontologischen Realismus behauptet, dass es zu jedem Prädikator die Menge derjenigen Gegenstände gibt, auf die der Prädikator zutrifft (trifft er auf nichts zu, handelt es sich um die leere Menge). Das ist eine realistische Position, weil Mengen, im Gegensatz zu ihren Elementen, abstrakte Gegenstände sind. Man nennt diese Form häufig den *strengen Platonismus*:

2.47 *Moderne Varianten von Nominalismus und ontologischem Realismus*

(1) Die beiden wichtigsten Formen des *modernen Nominalismus* sind:

(a) Die *Tropentheorie,* die annimmt, dass es nicht nur Einzeldinge, sondern auch *einzelne Eigenschaften und Relationen* gibt. Einzelne Eigenschaften und Relationen können einander ebenso ähnlich sein, wie Einzeldinge einander ähnlich sein können.
(b) Der *gemäßigte Nominalismus,* der annimmt, dass es neben Einzeldingen auch abstrakte Einzeldinge (vor allem Mengen) gibt und dass die Rede über universelle Gegenstände reduzierbar ist auf die Referenz (1.10) auf konkrete oder abstrakte Einzeldinge.
(2) Der *moderne ontologische Realismus* tritt unter anderem in der Version des *strengen Platonismus* auf, der behauptet, dass es zu jedem Prädikator die Menge derjenigen Gegenstände gibt, auf die der Prädikator zutrifft.

Der gemäßigte Nominalismus versteht insbesondere *konkrete Fakten*
(a) als eine Art von datierten nicht-wiederholbaren konkreten Einzeldingen (»die Ermordung von Caesar 44 v. u. Z.«; »die Intelligenz von Barbara in ihrem bisherigen Leben«)
(b) oder als ein Tripel aus einzelnen Gegenständen, Eigenschaften und Zeitpunkten ⟨Caesar, ermordet, 44 v. u. Z.⟩ (= das Faktum, dass Caesar 44 v. u. Z. ermordet wurde); ⟨Barbara, intelligent, in ihrem bisherigen Leben⟩ (= das Faktum, dass Barbara in ihrem bisherigen Leben intelligent war).

Der strenge Platonismus enthält die Idee, dass unbeschränkte Mengenbildung möglich ist – von diesem Prinzip geht auch die moderne Mathematik aus. Diese radikale These lässt sich aber durch Verweis auf eine *Men-*

genantinomie (die sogenannte *Russell'sche Antinomie*) widerlegen: Wir können nicht nur Mengen von konkreten Einzelgegenständen, sondern auch Mengen von Mengen bilden. Die meisten Mengen von Mengen enthalten sich nicht selbst, aber einige Mengen von Mengen enthalten sich selbst. Die Menge aller mathematischen Gegenstände enthält sich beispielsweise selbst, weil Mengen Gebilde der Mathematik sind. Dagegen erfüllt die Menge aller Philosophen nicht die Bedingung, ein Philosoph zu sein, und enthält sich somit nicht selbst. Demgegenüber ist die Bildung der Menge aller Mengen, die sich nicht selbst enthalten, unmöglich, weil sie zu einem offensichtlichen logischen Widerspruch (1.30 (a)) führt. Denn wenn diese Menge sich selbst enthält, muss sie gerade eine der Mengen sein, die sich nicht selbst enthalten, und wenn sie sich nicht selbst enthält, kann sie nicht eine der Mengen sein, die sich nicht selbst enthalten, so dass sie sich selbst enthalten muss. Die Menge aller Mengen, die sich nicht selbst enthalten, enthält sich folglich genau dann selbst, wenn sie sich nicht selbst enthält. Hier ist eine logisch symbolisierte Definition und Widerlegung dieser Position:

2.48 *Prinzip und Widerlegung des strengen Platonismus*

(1) Strenger Platonismus: $\forall P\ \exists M\ \forall x\ (P(x) \equiv x \in M)$
(»P« Variable (1.25) für Prädikatoren, »M« für Mengen, »x« für beliebige Gegenstände).

(2) Widerlegung des strengen Platonismus durch die *Mengenantinomie*:
Setze $P(x) = \neg(x \in x)$; nach (1) folgt:
$\exists M\ \forall x\ (\neg\ (x \in x) \equiv x \in M)$;
setze speziell $x = M$; dann folgt:
$\exists M\ (\neg\ (M \in M) \equiv M \in M)$.

Kritische Metaphysik

Seit Beginn der Neuzeit oder Moderne mit ihrem verstärkten Interesse an der Stellung des Subjekts und des Geistes in der Welt haben sich neue Formen der Metaphysik herausgebildet, die den alten Universalienstreit auf eine neue Weise reformulieren: *Moderner Realismus* versus *Anti-Realismus* lauten die Titel der reformulierten Positionen. Diese moderne Kontroverse ist von der Idee der kritischen Metaphysik geprägt, die vor allem auf Kant zurückgeht. Es geht jetzt primär um die Frage, welche Gegenstände in welcher Form *relativ zu uns* existieren, also relativ zu Wesen, die mit bestimmten Wahrnehmungsmechanismen, mit bestimmten Formen der Prozessierung von Stimuli und mit bestimmten sprachlichen Vokabularen ausgestattet sind. Die metaphysische Kontroverse zwischen modernem Realismus und Anti-Realismus berührt daher gewöhnlich auch epistemologische Fragen.

Die grundlegende Idee des modernen Realismus ist, dass es viele Gegenstände gibt, die existieren und das sind, was sie sind, unabhängig davon, wie irgendjemand über diese Gegenstände denkt oder fühlt. Der Anti-Realismus bestreitet diese Idee. Im Hintergrund dieser Debatte stehen alltägliche Einstellungen, die nicht eindeutig entweder dem Realismus oder dem Anti-Realismus zugeordnet werden können. Die meisten Leute würden vermutlich sagen, dass die Frage, ob Elektronen existieren und das sind, was sie sind, eine Sache von physikalischen Fakten ist und nicht von der Theorie abhängt, die wir favorisieren. Aber es wäre kaum plausibel zu sagen, dass eine Satzfolge ein Witz oder lustig ist, ohne dass irgendjemand sie witzig oder lustig findet.

Buchstabieren wir zunächst die Idee des modernen Realismus etwas genauer aus:

2.49 *Moderner Realismus* (als Kombination aus dem *metaphysischen Realismus* und dem *erkenntnistheoretischen Realismus*)

(1) *Metaphysischer Realismus:*
   (a) Es gibt Gegenstände, Systeme (2.93), Zustände und Ereignisse in der Welt, die bestimmte Strukturen und Relationen zueinander aufweisen *(Außenweltforderung).*
   (b) Die Außenwelt existiert (im Sinne von (a)) unabhängig davon, ob Menschen oder andere Lebewesen überhaupt existieren, wie sie die Welt beschreiben, was sie für wahr halten und aus welchen Gründen sie etwas für wahr halten *(Autonomieforderung).*

(2) *Erkenntnistheoretischer Realismus:*
   (c) Die Wirklichkeit und ihre Elemente (im Sinne von (a)) sind für Menschen zu einem erheblichen Teil zuverlässig erkennbar *(Zugänglichkeits- und Transparenzforderung).*
   (d) Die bestätigten und weithin akzeptierten Behauptungen über die Wirklichkeit beziehen sich zum größten Teil auch auf deren Elemente, d. h., sie liefern eine wahre Beschreibung der Welt mit ihren Entitäten (*Referenzforderung* (1.10)).

Wenn es eine Außenwelt gibt, ist damit noch nicht entschieden, ob sie nur mit Einzeldingen oder auch mit Universalien (2.43) ausgestattet ist. Und selbst dann, wenn feststeht, welche Gegenstandsarten es gibt, ist damit noch nicht entschieden, ob diese erkennbaren Strukturen von sich aus festliegen oder ob sie ihre Beschaffenheit auch einer Aktivität unseres Erkenntnisapparates verdanken. Der metaphysische Realismus ist also nach

2.49 (a) logisch neutral gegenüber der Differenz von ontologischem Realismus und Nominalismus und stellt nach 2.49 (b) eine schärfere Position dar als ontologischer Realismus und Nominalismus, die sich ihrerseits der Autonomieforderung gegenüber neutral verhalten. Ontologischer Realismus und Nominalismus implizieren also These 2.49 (a) des metaphysischen Realismus, aber die These 2.49 (a) des metaphysischen Realismus impliziert ihrerseits weder den ontologischen Realismus noch den Nominalismus.

Der metaphysische Realismus wird in jüngster Zeit oft mit Blick auf seine wichtigsten systematischen Implikationen diskutiert, etwa die These, dass es eine erschöpfende Beschreibung der Welt gibt, zu der die Gesamtheit der Wissenschaften unter idealen Bedingungen der Informations- und Meinungsfreiheit konvergiert oder konvergieren würde. Hinter dieser These steht die Idee, dass es im idealen Falle jenseits aller verschiedenen spezifischen Sprachen und Theorien einen angemessenen direkten Zugriff menschlicher Subjekte auf die Welt gibt. Eine weitere offensichtliche Konsequenz ist, dass die Wahrheit oder Falschheit von Sätzen vollständig unabhängig davon ist, ob oder wie wir gegebenenfalls erkennen oder entscheiden, ob die Sätze wahr oder falsch sind: Vielmehr macht die externe, unabhängig von uns gegebene Welt letztlich alle wahrheitswertdefiniten Sätze wahr oder falsch:

2.50 *Konsequenzen aus dem metaphysischen Realismus*

(1) Es gibt unter idealen Bedingungen genau eine wahre und vollständige Beschreibung der Welt *(Eindeutigkeit der Beschreibung)*.
(2) Jeder Satz ist entweder wahr oder falsch *(Bivalenzprinzip)*.

(3) Jeder Satz ist wahr oder falsch aufgrund von Umständen, die weder linguistischer noch kognitiver Art sind (*Kausalität der Wahrheit*; stärkere Version: *Abbildungs- oder Korrespondenztheorie der Wahrheit* (1.7 (1))).
(4) Unsere wahren Beschreibungen der Welt sind nicht relativiert auf bestimmte Weltbeobachter, d. h. sie erfolgen im Idealfall »aus dem Auge Gottes« *(Gottesstandpunkt)*.

Der Anti-Realismus bestreitet in seiner grundlegendsten Form alle zentralen Thesen des metaphysischen Realismus: Er bestreitet, dass sich eine kumulative konvergierende Tendenz (4.220) in der Entwicklung der Wissenschaften ausmachen lässt; er insistiert darauf, dass es verschiedene wahre Beschreibungen der Welt geben kann und gibt, die nicht aufeinander zurückführbar sind; er besteht darauf, dass die Wahrheit oder Falschheit von Sätzen nie unabhängig von unseren Entscheidungsverfahren über den Wahrheitswert von Sätzen ist, und vertritt die Verifikationstheorie (= Konsenstheorie) der Wahrheit (1.7 (2)); und er hält die These von der Möglichkeit eines sprachen- und theorieneutralen Gottesstandpunktes für absurd: Es gibt keinen archimedischen Punkt, von dem her wir *alle* Sprachen und Theorien als spezifische Perspektiven beschreiben können – also gleichsam als Filter, die unseren direkten Zugriff auf die Welt behindern und einschränken.

Eine der einflussreichsten antirealistischen Positionen des 20. Jahrhunderts besagt im Kern, dass diejenigen Gegenstände existieren, von denen unsere besten Theorien sagen, dass sie existieren. Die moderne Physik kommt beispielsweise nicht ohne die moderne Mathematik aus; und die moderne Mathematik kann bislang nicht begründet werden, ohne dass an einer frühen Stelle im Aufbau mathematischer Theorien angenommen werden muss, dass es wenigstens eine Menge gibt, die unendlich viele Elemente hat; also existiert in unserer Welt, nach diesem metaphysischen Vorschlag, mindestens eine unendliche Menge. Diese Antwort klingt nicht unvernünftig, aber sie zieht eine dramatische Konsequenz nach sich: Wenn unsere besten Theorien wechseln, dann wechselt nicht unsere Interpretation der Welt, sondern zumindest ein Teil der Welt selbst. Da unsere besten Theorien häufig und immer schneller wechseln, würde diesem Vorschlag zufolge auch die metaphysische Ausstattung unserer Welt immer schneller wechseln.

2.51 *Anti-Realismus*

(1) *Allgemeiner moderner Anti-Realismus:*
- (a) Es gibt keine eindeutige wahre und vollständige Beschreibung der Welt; vielmehr kann es verschiedene akzeptable Beschreibungen der Welt geben.
- (b) Das Bivalenzprinzip (1.24 (4)) ist falsch.
- (c) Die Wahrheit und Falschheit von Sätzen hängt davon ab, ob sich kundige Menschen auf die Akzeptabilität der Sätze einigen können (*epistemischer Wahrheitsbegriff*; stärkere Version: *Konsenstheorie der Wahrheit* (1.7 (2)));
- (d) Wir können den Gottesstandpunkt nicht einnehmen, d. h., wir können nicht durch das Auge Gottes schauen.

(2) *Antirealistischer Theorie-Relativismus:* Genau diejenigen Gegenstände existieren, von denen unsere besten Theorien sagen, dass sie existieren.

Hinter dem Gegensatz zwischen 2.50 und 2.51 steht eine neuere *semantische* Version der Debatte zwischen Realismus und Anti-Realismus. Im Rahmen dieser Debatte werden Realismus und Anti-Realismus in Bedeutungstheorien eingebettet. Die Realisten behaupten, die Bedeutung von Sätzen sollte in Begriffen ihrer *Wahrheitsbedingungen* (also der unabhängigen Fakten, die die Sätze wahr oder falsch machen, 3.140 (3)) verstanden werden, während die Anti-Realisten darauf bestehen, dass die Bedeutung von Sätzen in Begriffen ihrer *Verifikationsbedingungen* (also in Begriffen jener Gründe, die uns dazu berechtigen, die Sätze zu behaupten) erläutert werden muss. Außerdem werden in den modernen Versionen von Realismus und Anti-Realismus metaphysische und erkenntnistheoretische Aspekte eng miteinander verbunden. Wir werden später sehen, dass auch die moderne Semantik und die Philosophie des Geistes in diese Debatte hineinspielen.

Nicht wenige Philosophen und Philosophinnen halten heute den metaphysischen Realismus für zu naiv und den modernen Anti-Realismus für zu radikal. Sie plädieren daher für eine gemäßigte, vermittelnde Form von Metaphysik. Eine prominente Version dieser Orientierung ist der *interne Realismus*:

2.52 *Interner Realismus*

(1) (a) Die Frage, aus welchen Gegenständen die Welt besteht, ist nur im Rahmen einer bestimmten Theorie oder Beschreibung sinnvoll: Zeichen entsprechen nur innerhalb einer Gemeinschaft von Zeichenbenutzern bestimmten Gegenständen, denn unabhängig von Begriffsschemata existieren keine Gegenstände; erst mittels Begriffsschemata wird die Welt in Gegenstände aufgespalten, so dass Gegenstände und Zeichen gleichermaßen interne Elemente eines Begriffsschemas sind. (b) Die Referenz auf die Welt im Rahmen eines gegebenen Begriffsschemas ist daher trivial – sie hat stets die

Form: »p« referiert auf p. (c) Selbst dann, wenn Theorie und Gegenstände festgelegt sind, gibt es, wenn die Anzahl der Gegenstände unendlich ist, unendlich viele verschiedene Weisen, wie sich diese Gegenstände als Modell für die gegebene Theorie darstellen lassen.

(2) (a) Empirische Erfahrung (4.183 (6)) liefert Inputs; aber es gibt keine Inputs, die nicht durch Begriffe geformt sind oder die nur eine einzige Beschreibung zulassen. (b) Es gibt daher mehr als eine wahre Theorie bzw. Beschreibung der Welt, denn es kann gleichermaßen kohärente, aber unvereinbare Begriffsschemata geben, die gleich gut zu unseren Erfahrungsüberzeugungen passen – es gibt viele Entsprechungen zwischen Wörtern und Gegenständen.

(3) Überzeugungen *innerhalb* von Begriffsschemata können an mangelndem Handlungserfolg scheitern; Wissen ist nicht nur innere Kohärenz von Überzeugungen.

(4) Wahrheit ist rationale Akzeptierbarkeit (d h. gerechtfertigte Behauptbarkeit) unter idealen Bedingungen kognitiver Art und in genau diesem Sinne
  (a) ist sie mehr als rationale Akzeptierbarkeit zu einem bestimmten Zeitpunkt;
  (b) ist sie in der Zeit stabil oder konvergent, anders als rationale Akzeptierbarkeit zu einem bestimmten Zeitpunkt;
  (c) ist sie nicht unabhängig von rationaler Akzeptierbarkeit überhaupt.

(5) Es ist möglich, dass sich auch unter idealen Bedingungen weder eine Aussage noch ihre Negation rechtfertigen lässt; dann hat die Aussage keinen Wahrheitswert (1.6).

Der interne Realismus bemüht sich um eine Vermittlung der Positionen. Das wird beispielsweise daran deutlich,

(a) dass zwar der Gottesstandpunkt geleugnet, aber zugleich behauptet wird, dass im Rahmen gegebener Sprachen und Theorien die Welt über den Wahrheitswert von Sätzen entscheidet;

(b) dass zwar die Mehrdeutigkeit der Weltbeschreibungen eingeräumt wird, aber zugleich die Übersetzbarkeit aller Sprachen und Theorien ineinander behauptet wird;

(c) und dass die Theorie der Wahrheit zwischen korrespondenztheoretischer und verifikationistischer Wahrheitstheorie steht, denn rationale Akzeptierbarkeit unter idealen kontrafaktischen Bedingungen bedeutet, dass Sätze und Theorien wahr sind, wenn sich kompetente Menschen unter *idealen*, niemals voll realisierbaren Bedingungen am *fiktiven* Ende der Entwicklung des Wissens und der Wissenschaft darauf einigen *würden*, dass diese Sätze oder Theorien akzeptierbar sind und daher Teile der wahren eindeutigen Beschreibung der Welt sein müssen.

Es gibt eine berüchtigte Antinomie, die seit der Antike bekannt ist: die *Lügner-Antinomie*, die oft mit Hilfe des Satzes »Alle Kreter lügen« formuliert wird. Wenn dieser Satz von einem Kreter geäußert wird, ist er dann wahr oder falsch? Schwer zu sagen, denn wenn er wahr ist, scheint er falsch zu sein, und wenn er falsch ist, scheint er wahr zu sein. Dieses Argument kommt vielen wie eine abgehobene Logelei vor; aber tatsächlich hat die Lügner-Antinomie eine interessante metaphysische Konsequenz, die es erlaubt, sie als Bestandteil der kritischen Metaphysik aufzufassen. Daher soll die Antinomie hier genauer skizziert werden:

2.53 *Die einfache Lügner-Antinomie*

Gelte (L): »S« = »›S‹ ist falsch«
(Diese Gleichsetzung folgt z. B. aus der Aussage »Die Aussage, die ich gerade behaupte, ist falsch«.)
Nach dem Bivalenzprinzip (1.24 (4)) ist jede Aussage wahr oder falsch. Es folgt:

(1) Sei »S« wahr; es folgt mit (L): »›S‹ ist falsch« ist wahr, also: »S« ist falsch.
(2) Sei »S« falsch; es folgt mit (L): »›S‹ ist falsch« ist falsch, also: »S« ist wahr.

Aus (1) und (2) folgt:
(3) »S« ist wahr genau dann, wenn gilt: »S« ist falsch.

Viele Betrachter der Lügner-Antinomie hatten das unbestimmte Gefühl, dass die Geltung des Bivalenzprinzips für die Konstruktion der Antinomie wesentlich ist. Dieses Gefühl täuscht, denn die Antinomie ist auch konstruierbar, wenn wir eine mehrwertige Logik zugrundelegen, z. B. eine Logik, die *drei* Wahrheitswerte anerkennt, nämlich wahr, falsch und neutral. Wir können daher die alte Lügner-Antinomie als *einfach* und die neue Lügner-Antinomie als *verallgemeinerte Form* ansehen:

2.54 *Die verallgemeinerte Lügner-Antinomie*

Gelte (L*): »T« = »›T‹ ist falsch oder neutral« (neutral bedeutet, weder wahr noch falsch zu sein)
(1) Sei »T« wahr; dann steht dies im logischen Widerspruch (1.30 (a)) zu (L*), wonach aus »T« folgt: »›T‹ ist falsch oder neutral«, d. h. »T« ist nicht wahr.

(2) Sei »T« falsch; dann folgt mit (L*): »›T‹ ist falsch oder neutral« ist falsch; daraus folgt: »›T‹ ist nicht falsch und nicht neutral«, d. h. »T« ist wahr.
(3) Sei »T« neutral, daraus folgt: »›T‹ ist neutral oder falsch« ist wahr, dann folgt mit (L*): »T« ist wahr. Also ergibt sich: (i) Wenn »T« wahr ist, ist »T« nicht wahr; (ii) Wenn »T« falsch ist, ist »T« wahr; (iii) Wenn »T« neutral ist, ist »T« wahr.

Kurz: »T« ist wahr genau dann, wenn gilt: »T« ist nicht wahr (im engeren Sinne falsch oder neutral).

Zunächst könnte man vermuten, dass die Schwierigkeiten von der Selbstbezüglichkeit der Aussage herrühren, aber viele Aussagen, die auf sich selber Bezug nehmen, sind unproblematisch, etwa »Dieser Satz hat fünf Wörter«. Die Experten sind sich mittlerweile darin einig, dass die Lügner-Antinomien darauf beruhen, dass sie nicht zwischen *Objektsprache* und *Metasprache* (1.6 (2)) unterscheiden. Die Annahmen (L) und (L*) in 2.53 und 2.54 enthalten bereits eine Vermischung von Objekt- und Metasprache. Denn immer dann, wenn wir den Wahrheitsprädikator verwenden, sprechen wir in einer Metasprache über eine Objektsprache, denn wir sprechen immer *über* einen Satz, wenn wir ihn als wahr bezeichnen. Wir können daher aus den Lügner-Antinomien die Lehre ziehen, dass wir Metasprache und Objektsprache stets sorgfältig auseinanderhalten müssen und dass es keine Wahrheitsdefinition für *alle* Sprachen geben kann – Wahrheit ist stets, wie man oft lesen kann, *Wahrheit-in-L*, wobei L eine bestimmte Sprache ist, d. h., Wahrheit ist stets relativ auf eine Sprache. Und das kommt offensichtlich dem Anti-Realismus oder zumindest dem internen Realismus entgegen.

Essentialistische und anti-essentialistische Metaphysik

Betrachten wir die Tatsachen

(a) Sokrates war ein Mensch.

(b) Sokrates hielt während des Symposiums bei Agathon eine Lobrede auf den Eros.

Diese beiden Tatsachen weisen, wie es scheint, einen grundlegenden metaphysischen Unterschied auf. Sokrates war, solange er lebte, stets ein Mensch, aber er hielt nur einmal, nämlich während des Symposiums bei dem Dichter Agathon, eine Lobrede auf den Eros. Mehr noch: Es ist plausibel anzunehmen, dass Sokrates sich hätte entschließen können, während des Symposiums bei Agathon keine Lobrede auf den Eros zu halten, oder dass er z. B. an jenem Tag so lange hätte über philosophische Probleme nachdenken können, dass er zu spät zum Symposium gekommen wäre und keine Rede mehr hätte halten können. Tatsache (b) ist also *kontingent* in dem Sinne, dass es möglich gewesen wäre, dass sie nicht eingetreten wäre. Das scheint von Tatsache (a) nicht zu gelten. Sokrates war nicht nur Mensch, solange er lebte; es ist auch plausibel anzunehmen, dass Sokrates nicht Sokrates gewesen wäre, wenn er nicht Mensch gewesen wäre. Sokrates, so könnten wir auch sagen, war *notwendigerweise* ein Mensch, aber er wäre immer noch Sokrates gewesen, wäre er aus irgendwelchen Gründen nicht bei Agathon als Redner aufgetreten.

Diese Überlegungen legen eine Unterscheidung zwischen *kontingenten* und *notwendigen* Eigenschaften von Gegenständen nahe. Diese Unterscheidung macht den Kern der *traditionellen essentialistischen Metaphysik* aus, die nach ihrem Erfinder Aristoteles (384–322 v. u. Z.) auch *aristotelischer Essentialismus* heißt. Die traditionelle essentialistische Metaphysik ist eine spezielle Variante des ontologischen Realismus (2.45), weil sie behauptet, dass notwendige und kontingente Beziehungen zwischen Gegenständen und ihren Eigenschaften real in der Welt vorkommen:

2.55 *Traditionelle essentialistische Metaphysik (aristotelischer Essentialismus)*

(1) Einige Gegenstände können *kontingente (= akzidentelle) Eigenschaften* oder auch *notwendige (= essentielle)* Eigenschaften haben.
(2) Die Eigenschaft P des Gegenstands a heißt *kontingent*, wenn es möglich ist oder möglich gewesen wäre, dass a die Eigenschaft P nicht hat und das bleibt, was er ist (nämlich a).
(3) Die Eigenschaft P von a heißt *notwendig*, wenn es unmöglich ist, dass a die Eigenschaft P nicht hat, d. h., wenn a, falls er P nicht hat, nicht das bleibt, was er ist (nämlich a) (P heißt dann auch *konstitutiv* für (die Existenz von) a).
(4) Wenn der Gegenstand a die notwendige Eigenschaft P hat, dann gibt es andere Eigenschaften von a, deren Ursache (2.74 (3)) P ist, d. h., die durch P erklärbar sind.
(5) Die speziellsten notwendigen Eigenschaften eines Gegenstandes a sind *natürliche Arten* von a; und wenn P eine natürliche Art von a ist, dann *gehört a zu der natürlichen Art P* und ist ein *artbestimmtes Einzelding*.
(6) Artbestimmte Einzeldinge sind die *primär existierenden Gegenstände*.

Dem aristotelischen Essentialismus zufolge sind z. B. Mensch, Esche, Bett, H_2O natürliche Arten einzelner Menschen, Eschen, Betten, Wasserportionen; dumm, blau, kleingewachsen, größer sein als sind dagegen kontingente

Eigenschaften solcher Gegenstände. Lebewesen zu sein ist für Katzen zwar eine notwendige Eigenschaft, aber nicht eine natürliche Art, weil sie nicht die speziellste notwendige Eigenschaft einzelner Katzen ist – das ist vielmehr in diesem Fall gerade die Eigenschaft, eine Katze zu sein. Die Tatsache, dass natürliche Arten die Einzeldinge, deren Arten sie sind, *konstituieren*, bedeutet im Wesentlichen, dass die Zugehörigkeit zu einer natürlichen Art eine Existenzbedingung für artbestimmte Einzeldinge ist. Mit Punkt (6) enthält die traditionelle essentialistische Metaphysik auch ein Element der *reduktiven Metaphysik*, denn mit (6) wird die Existenz aller Gegenstände auf die Existenz artbestimmter Einzeldinge zurückgeführt.

Die traditionelle essentialistische Metaphysik bedient sich offenbar eines *modalen Vokabulars*, das im Wesentlichen aus den Ausdrücken »möglich«, »kontingent« und »notwendig« besteht. Das gilt auch für moderne Versionen der essentialistischen Metaphysik. Dabei geht es um die interessante metaphysische Frage, ob Möglichkeiten, Kontingenzen und Notwendigkeiten ein Teil unserer Welt sind. Sollten wir beispielsweise sagen, dass nicht nur das Faktum, dass Sokrates ein Mensch war, ein Teil des Universums ist, sondern auch das Faktum, dass Sokrates *notwendigerweise* ein Mensch war? Oder sollten wir annehmen, dass der Sachverhalt, dass George W. Bush jr. *nicht* Präsident der USA geworden wäre, oder der Sachverhalt, dass es möglich ist, dass die Republikaner in den USA die nächsten vier Präsidenten stellen, Teile des Universums sind? Wenn wir z. B. die weitreichende Frage diskutieren, ob wir den Determinismus oder den Indeterminismus (2.78–2.82) bevorzugen sollten, müssen wir metaphysische Fragen nach der *Existenz* von Modalitäten (Notwendigkeit, Möglichkeit, Kontingenz) in Betracht ziehen. Denn der Indeterminismus behauptet, dass die Welt sich zum Teil *hätte anders entwickeln können*, als sie sich faktisch entwickelt hat. Wenn diese Aussage wahr ist, dann muss diese Kontingenz Teil der Welt sein. Und der Determinismus behauptet (zumindest in einer seiner Varianten), dass die Welt sich *notwendigerweise* so entwickelt hat, wie sie sich faktisch entwickelt hat. Wenn diese Aussage wahr ist, dann muss diese Notwendigkeit Teil der Welt sein.

Zwei mächtige philosophische Traditionen, der Empirismus (4.187) und die kantische Transzendentalphilosophie, bestreiten jedoch, dass Modalitäten metaphysisch gedeutet werden können; sie bestehen vielmehr darauf, dass Modalitäten stets ein Ausdruck unserer kognitiven Beziehung zur Welt sind. Empirismus und Transzendentalphilosophie sind daher Varianten einer *anti-essentialistischen Metaphysik*. An dieser Stelle geht es um tiefreichende metaphysische Fragen, und daher müssen wir uns mit den wichtigsten Varianten der modernen essentialistischen und anti-essentialistischen Metaphysik beschäftigen.

Dafür ist es hilfreich, zunächst noch einmal die wichtigsten Modalitäten und ihre wechselseitigen logischen Beziehungen aufzulisten, denn dadurch lassen sich die Bedeutungen der verschiedenen Modalausdrücke schärfer fassen:

2.56 *Modalausdrücke und ihre logischen Beziehungen*

(1) *Modalausdrücke:*
  (a) Die Ausdrücke »notwendig«, »möglich«, »unmöglich« und »kontingent« heißen *Modalausdrücke.*
  (b) Aussagen der Form »Es ist notwendig (möglich, unmöglich, kontingent), dass p« (mit einer Aussage »p«) heißen *Modalaussagen.*

(2) *Die wichtigsten logischen Beziehungen zwischen Modalausdrücken:*
  (a) Definitionen der Modalausdrücke mit »notwendig« als Grundbegriff:
    (i) Es ist *möglich, dass p* gdw (= genau dann, wenn) es nicht notwendig ist, dass nicht p.
    (ii) Es ist *unmöglich, dass p* gdw es notwendig ist, dass nicht p (oder: gdw es nicht möglich ist, dass p).
    (iii) Es ist *kontingent, dass p* gdw es nicht notwendig ist, dass p, und es nicht notwendig ist, dass nicht p (oder: gdw es möglich ist, dass p, und es möglich ist, dass nicht p).
  (b) Definitionen der Modalausdrücke mit »möglich« als Grundbegriff:
    (i) Es ist *notwendig, dass p* gdw es nicht möglich ist, dass nicht p.
    (ii) Es ist *unmöglich, dass p* gdw es nicht möglich ist, dass p (oder: gdw es notwendig ist, dass nicht p).
    (iii) Es ist *kontingent, dass p* gdw es möglich ist, dass p, und es möglich ist, dass nicht p (oder: gdw es nicht notwendig ist, dass p, und es nicht notwendig ist, dass nicht p).

Möglichkeit von p im Sinne von (2) (a) (i) ist vereinbar damit, dass p notwendig ist – sie ist nur unvereinbar damit, dass nicht-p notwendig ist; Kontingenz von p im Sinne von (2) (a) (iii) dagegen ist unvereinbar sowohl damit, dass p notwendig ist, als auch damit, dass nicht-p notwendig ist. Man nennt daher manchmal Möglichkeit im Sinne von (2) (a) (i) auch *einseitige Möglichkeit* und Kontingenz im Sinne von (2) (a) (iii) *zweiseitige Möglichkeit.*

Mit den üblichen Abkürzungen

es ist notwendig, dass p = nec (p)
es ist möglich, dass p = poss (p)
es ist kontingent, dass p = cont (p)

und der Verwendung logischen Vokabulars werden die Bestimmungen in 2.56 (2) (a) zu

(i)* poss (p) ≡ ¬ nec (¬ p)
(ii)* ¬ poss (p) ≡ nec (¬ p)
(iii)* cont (p) ≡ (¬ nec (p) ∧ ¬ nec (¬ p))

Auf welche Weise könnten wir dann zum Beispiel

(a) poss (¬ p) durch Bezug auf Notwendigkeit und
(b) cont (¬ p) durch Bezug auf Möglichkeit definieren?

Offenbar so:

(a) poss (¬ p) ≡ ¬ nec (p) (denn ¬ ¬ p ≡ p);
(b) cont (¬ p) ≡ (¬ nec (¬ p) ∧ ¬ nec (p)), und (¬ nec (¬ p) ∧ ¬ nec (p)) ≡ (poss (p) ∧ poss (¬ p)), also cont (¬ p) ≡ (poss (p) ∧ poss (¬ p)).

Wenn wir sehen, wie sich Modalausdrücke gegenseitig definieren, verstehen wir damit noch nicht, was sie genauer bedeuten. Die *moderne anti-essentialistische Metaphysik* versucht, die Modalausdrücke definitorisch auf nicht-modale Ausdrücke zurückzuführen. Und das heißt gerade, dass die modalen Ausdrücke entbehrlich sind und folglich nichts Spezifisches in der Welt beschreiben – dass also die Welt keinerlei modale Verhältnisse enthält.

2.57 *Anti-essentialistische Metaphysik und logische Notwendigkeitsbegriffe*

(1) Es ist *notwendig, dass p* gdw der Satz »p« analytisch oder logisch wahr ist (*unbedingte* logische Notwendigkeit).
(2) Es ist *relativ zu q notwendig, dass p* gdw der Satz »q« logisch widerspruchsfrei ist und der Satz »p« aus dem Satz »q« logisch folgt (*bedingte* logische Notwendigkeit).
(3) Es ist *wissenschaftlich (physikalisch, biologisch, psychologisch, ökonomisch, soziologisch) notwendig, dass p* gdw p relativ zu den anerkannten wissenschaftlichen Theorien (der Physik, Biologie, Psychologie, Ökonomie, Soziologie) notwendig ist (*wissenschaftlich bedingte* logische Notwendigkeit).

Beispielsweise ist der Satz »Wenn morgen schönes Wetter ist, dann gilt: Wenn es Petrus gut mit uns meint, dann ist morgen schönes Wetter« unbedingt notwendig. Der Satz »Wenn Peter nicht dumm ist, studiert er nicht Philosophie« ist relativ notwendig zum Satz »Wenn Peter Philosophie studiert, ist er dumm«. Die These, dass die Lichtgeschwindigkeit überall im Universum konstant und gleich ist, ist physikalisch notwendig; das gilt auch vom zweiten Hauptsatz der Thermodynamik. Die Mendelschen Gesetze sind biologisch notwendig (diese Sätze und Thesen folgen nämlich logisch aus anerkannten physikalischen oder biologischen Theorien).

Mit den Definitionen von Notwendigkeit in 2.57 werden die Modalausdrücke in nicht-modalen *logischen* Ausdrücken definiert und damit *eliminiert*. Mit dieser Reduktion verbindet die anti-essentialistische Metaphysik zwei weitere weitreichende Intuitionen:

2.58 *Anti-essentialistische Metaphysik und De-dicto-Modalität*

(1) *Modalitäten sind stets de dicto* (»vom Gesagten«), d. h., sie sind nicht von den Gegenständen selbst abhängig, sondern von der Art und Weise, wie wir die Gegenstände beschreiben: Definieren wir A durch B, dann gehört B zur Bedeutung von A, und der Satz »A ist B« ist analytisch, und damit notwendigerweise, wahr; definieren wir A dagegen nicht durch B, sondern z. B. durch C, dann ist es nicht analytisch und also nicht notwendigerweise wahr, dass A ein B ist.

(2) *Modalitäten sind stets a priori einsehbar:* eine Sache ist *a priori* einsehbar, wenn wir nicht auf die Welt blicken müssen, um sie einzusehen, sondern nur auf den Bereich der Bedeutungen (den wir selbst erschaffen); insbesondere ist *Notwendigkeit stets a priori einsehbar*, d. h., kann nicht aus empirischer Erfahrung gewonnen werden. Was dagegen *a posteriori* (nur durch Blick auf die Welt) einsehbar ist, *kann nicht notwendig sein, sondern ist kontingent.*

Die Behauptung, dass alle Modalitäten De-dicto-Modalitäten sind, ist offenbar eine andere Weise, um auszudrücken, dass wir uns mit Modalitäten nicht auf Fakten in der Welt beziehen, sondern nur auf Formen unserer Weltbeschreibungen. Der Begriff der De-dicto-Modalität, vor allem der De-dicto-Notwendigkeit, ist aber auch außerhalb der anti-essentialistischen Metaphysik weit verbreitet. Darum hier noch einige Beispiele für diesen Begriff:

»Aristoteles« könnte unter anderem auf folgende Weise »definiert« (d. h. durch Kennzeichnungen ausgezeichnet) werden:

D1 Aristoteles war Platons berühmtester Schüler.
D2 Aristoteles war der einflussreichste Philosoph der bisherigen Philosophiegeschichte.
D3 Aristoteles war der begabteste Sohn des Leibarztes Philipps II. von Makedonien.

Dann ist der Satz »Aristoteles war ein Schüler Platons« nach D1 de dicto notwendig, nach D2 und D3 jedoch nicht. Wie steht es mit dem Satz »Aristoteles war der einflussreichste Platonschüler der Philosophiegeschichte«? Dieser Satz ist de dicto notwendig, wenn wir D1 *und* D2 voraussetzen, nach D3 dagegen ist er natürlich nicht de dicto notwendig.

Betrachten wir die Definitionen
D4 Ethos: = Gewohnheit
D5 Ethos: = Charakter

Dann ist der Satz »Das Ethos eines Menschen kennzeichnet seine Charakterzüge« nach D5 de dicto notwendig, nach D4 jedoch nicht. Wie steht es mit dem Satz »Das Ethos einer sozialen Gruppe umfasst ihre eingespielten Gewohnheiten«? Dieser Satz ist nur de dicto notwenig, wenn wir D4 voraussetzen, nicht also dann, wenn wir D5 voraussetzen.

Oder betrachten wir die Definitionen
D6 Zahl 8: = Nachfolgerin der Zahl 7 in der Menge der natürlichen Zahlen gemäß den Peano-Axiomen.
D7 Zahl 8: = Zahl der Planeten unseres Sonnensystems.

Wie steht es dann mit der De-dicto-Notwendigkeit des Satzes »Die Zahl 8 ist gerade«? Er ist nach D6, nicht aber nach D7 de dicto notwendig. Denn dass die Zahl der Planeten unseres Sonnensystems gerade ist, sollten wir als kontingentes Faktum ansehen.

Die *moderne essentialistische Metaphysik*, die heute weithin anerkannt ist, geht davon aus, dass die Modalausdrücke weder eliminiert werden können noch eliminiert werden sollten. Denn wenn wir die modale Sprache gänzlich auf eine nicht-modale Sprache zurückführen, berauben wir uns einer wichtigen Ausdrucksmöglichkeit zur Beschreibung der Welt. Wenn wir also die Modalausdrücke nicht definitorisch eliminieren wollen, dann sollte einer der Modalausdrücke ein nicht weiter zurückführbarer Grundbegriff sein. Die heute verbreitete Ansicht ist, dass die *Möglichkeit* der modale Grundbegriff sein sollte. Diese Ansicht wird in eine Terminologie umgesetzt, die in vielen zentralen Debatten der modernen Metaphysik verwendet wird. Die Kernidee ist, dass der Möglichkeitsbegriff in der Metaphysik in Gestalt des *Begriffes einer möglichen Welt* als Grundbegriff dienen sollte. Dabei darf der Begriff einer möglichen Welt nicht seinerseits so definiert werden, dass dabei der Modalausdruck »Möglichkeit« zugunsten nicht-modaler Ausdrücke eliminiert wird. Aber der Begriff einer möglichen Welt kann gleichwohl sinnvoll *erläutert* werden: sein Fundament ist die These, dass unsere aktuale Welt sich zu vielen vergangenen Zeitpunkten ihrer Geschichte *hätte anders entwickeln können, als sie es faktisch getan hat,* und dass es in der künftigen Entwicklung unserer Welt an bestimmten Punkten echte Entwicklungsalternativen geben wird:

2.59 *Mögliche Welten*

Eine *mögliche Welt* ist
(a) eine Weise, wie die Gegenstände in unserer aktualen Welt hätten anders strukturiert sein oder sich entwickeln können, als es tatsächlich der Fall war, oder
(b) eine der Weisen, wie die Gegenstände in unserer aktualen Welt künftig strukturiert sein oder sich entwickeln könnten.

Zwei mögliche Welten sind etwa:

(a) Unsere aktuale Welt bis 367 v. u. Z., aber ab dann die gänzlich andere Welt, die sich entwickelt hätte, wäre Aristoteles nicht in die platonische Akademie eingetreten, sondern wie sein Vater Arzt geworden.

(b) Unsere aktuale Welt bis zur nächsten Präsidentenwahl in den USA, und ab dann jede der künftigen echten Alternativen und deren Konsequenzen, dass die Republikaner oder die Demokraten den nächsten Präsidenten der USA stellen werden.

Auf der Grundlage von 2.59 lassen sich die Modalausdrücke nicht-eliminativ definieren, d. h. unter Rückgriff auf den Begriff der möglichen Welt:

2.60 *Nicht-eliminative Bestimmung der Modalausdrücke*

(1) Es ist *notwendig, dass p* gdw p in jeder möglichen Welt der Fall ist.

(2) Es ist *möglich, dass p* gdw p in mindestens einer möglichen Welt der Fall ist.

(3) Es ist *unmöglich, dass p* gdw p in keiner möglichen Welt der Fall ist.

(4) Es ist *kontingent, dass p* gdw p in mindestens einer möglichen Welt der Fall ist und p in mindestens einer möglichen Welt nicht der Fall ist.

Es gibt beispielsweise eine mögliche Welt, in der Gerhard Schröder in seiner gesamten politischen Karriere Ministerpräsident Niedersachsens blieb; aber dies ist weder in der aktualen Welt noch in jeder möglichen Welt noch in keiner möglichen Welt der Fall. Aber:

(c) »Gerhard Schröder wurde zum Bundeskanzler gewählt« gilt in der aktualen Welt;

(d) »Quadrate haben vier Seiten« gilt in jeder möglichen Welt;
(e) »Quadrate sind rund« gilt in keiner möglichen Welt.

Auf dieser begrifflichen Grundlage kann die moderne essentialistische Metaphysik die alte *Idee des aristotelischen Essentialismus* (2.55) reformulieren:

2.61 *Moderne essentialistische Metaphysik*

(1) P ist eine *essentielle (= notwendige) Eigenschaft* von a gdw P dem a in allen möglichen Welten zukommt. Wenn P eine essentielle Eigenschaft ist, heißt »P« auch *sortaler Prädikator.*
(2) Wenn »P« ein sortaler Prädikator ist und wenn der Satz »P(a)« wahr ist (wobei a ein Einzelding ist), dann gilt unter anderem:
  (i) a wäre nicht a, gälte nicht P(a);
  (ii) es gibt keinen Teil b von a, so dass P(b) gilt;
  (iii) es gibt kein c, dessen Teil a ist, so dass P(c) gilt.
(3) P ist eine *kontingente Eigenschaft* von a *im schwachen Sinne* gdw es mindestens eine mögliche Welt gibt, in der P dem a zukommt.
(4) P ist eine *kontingente Eigenschaft* von a *im starken Sinne* gdw es mindestens eine mögliche Welt gibt, in der P dem a zukommt, und es mindestens eine mögliche Welt gibt, in der P dem a nicht zukommt.
(5) Es gibt *essentielle* und *kontingente Eigenschaften* von Einzeldingen (2.43).
(6) *Modalitäten sind de re (und nicht de dicto),* d. h., sie hängen von den Gegenständen selbst ab: Die Modalitäten sind Aspekte der Welt selbst, nicht nur unserer Beschreibung der Welt.

»Mensch« ist z. B. ein sortaler Prädikator; denn wenn etwa Fritz ein Mensch ist, dann ist weder ein Teil von Fritz ein Mensch, noch ist Fritz Teil eines größeren Ganzen, das Mensch ist. Dagegen ist »rot« kein sortaler Prädikator; denn wenn etwa mein Schuhband rot ist, dann kann sowohl ein Teil meines Schuhbandes rot sein als auch mein Schuhband Teil eines größeren roten Ganzen (z. B. meines roten Schuhs) sein.

Die moderne essentialistische Metaphysik kann eine Bestimmung von essentieller und damit *starrer Referenz* liefern, d. h. die Idee einer Referenz von sprachlichen Ausdrücken auf bestimmte Gegenstände (1.10) *in allen möglichen Welten, in denen diese Gegenstände überhaupt vorkommen.* Auf der Grundlage von 2.59–2.61 lässt sich nämlich definieren:

2.62 *Moderne essentialistische Metaphysik und starre Referenz*

(1) Ein Ausdruck heißt *starrer Designator*, wenn er in allen möglichen Welten auf dieselbe Sache referiert. Ein starrer Designator von X weist eine *starre Referenz* auf X auf.

(2) Gemäß (1) gilt: Eigennamen und Ausdrücke für natürliche Arten (wie z. B. »Wasser« oder »Baum«) sind starre Designatoren.

(3) Mit Eigennamen identifizieren wir Einzeldinge. Ausdrücke für natürliche Arten sind essentielle Bezeichnungen für Mikrostrukturen von Gegenständen, derart dass diese Gegenstände durch die Mikrostrukturen ebenfalls *identifiziert* werden (z. B. Wasser durch »H_2O«). Diese Identifizierungsleistung liegt ihrer Eigenschaft, starre Designatoren zu sein, zugrunde.

(4) Ausdrücke für natürliche Arten, die formal nach

1.2 und 1.3 Prädikatoren sind, verhalten sich sprachlich also eher wie Eigennamen.

Nach 2.62 *bricht der Essentialismus die einfache Unterscheidung zwischen Nominatoren und Prädikatoren* (1.2, 1.3) *auf.* An diesem Punkt haben wir daher das theoretische Material beisammen, um die alte grammatische Unterscheidung zwischen Substantiven und Adjektiven, die wir zunächst zugunsten der philosophischen Unterscheidung zwischen Nominatoren und Prädikatoren verworfen hatten, systematisch wieder einzuholen: Substantive sind entweder Eigennamen oder sortale Prädikatoren, die essentielle Eigenschaften oder natürliche Arten beschreiben. Adjektive dagegen beschreiben kontingente Eigenschaften. Und weil sortale Prädikatoren sich sprachlich ähnlich wie Eigennamen verhalten, weil sie beide starre Designatoren sind, ist es aus dieser Perspektive nicht unsinnig, sie in eine einzige Kategorie von Wortarten, eben den Substantiven, einzuordnen. Damit wird unsere alte Unterscheidung zwischen Nominatoren und Prädikatoren keineswegs gegenstandslos. Aber wir haben jetzt eine reiche essentialistische Metaphysik zur Verfügung, die die alte grammatische Unterscheidung zwischen Substantiven und Adjektiven in einer erhellenden Weise zu rekonstruieren vermag.

Wie weitreichend die in 2.59–2.62 skizzierte moderne essentialistische Metaphysik ist, lässt sich an einer Konsequenz erkennen, die die Beziehungen zwischen Notwendigkeit, Kontingenz, Apriorität und Aposteriorität im Vergleich zur anti-essentialistischen Position (2.57, 2.58) neu ordnet. Die Referenz starrer Designatoren wird auf kognitiver Ebene durch empirische (= anhand von Wahrnehmung (4.183) oder Beobachtung (1.20 (1)) feststellbare) Merkmalsbündel festgelegt – bei Eigennamen durch Kennzeichnungen, bei Ausdrücken für natürliche Arten durch empirische Eigenschaften. Die Referenz der starren Designatoren »Aristoteles« oder »Abendstern« wird z. B. festgelegt durch Kennzeichnungen wie »Aristoteles ist derjenige Mensch (starre Referenz), der Schüler von Platon und Lehrer von Alexander dem Großen war (empirisches Merkmalsbündel)« oder »Der Abendstern ist derjenige Stern (starre Referenz), der zu Zeiten t am Ort s des Abendhimmels auftaucht (empirisches Merkmalsbündel)«. Im Falle der natürlichen Art Wasser, die den Ausdruck »Wasser« zu einem starren Designator macht, könnten wir sagen: Wasser ist diejenige Mikrostruktur *M* (starre Referenz), die empirisch flüssig, durchsichtig, trinkbar etc. ist (empirisches Merkmalsbündel). Nach dieser Festlegung gelten diese Aspekte von den Sachen *kognitiv a priori* und sind dennoch *metaphysisch kontingent*: Aristoteles hätte nicht Lehrer von Alexander werden können, Wasser könnte nicht geruchlos sein – in mindestens einer möglichen Welt. Aber zugleich kann sich *nachträglich wissenschaftlich – also a posteriori* – erweisen, dass z. B. der Abendstern der Morgenstern ist oder dass Wasser H_2O ist (mit einem identifizierenden »ist«!). Dann ist diese These, *wenn* sie überhaupt wahr ist, wahr in allen möglichen Welten, d. h. *notwendigerweise* wahr (diese Thesen sind also nur dann wahr, wenn sie notwendigerweise wahr sind). Kurz, die moderne essentialistische Metaphysik behauptet (gegen 2.57 und 2.58):

2.63 *Moderne essentialistische Metaphysik und Notwendigkeit, Kontingenz, Apriorität und Aposteriorität*

Es gibt *Kontingentes*, das *a priori* gegeben ist, und es gibt *Notwendiges*, das *a posteriori* gegeben ist.

Varianten reduktiver Metaphysik

Zum Abschluss unserer Beschäftigung mit der Metaphysik müssen wir uns kurz einige der wichtigsten Varianten der *reduktiven* Metaphysik anschauen. Mit der nächsten Erläuterung beschreiben wir zunächst die beiden wichtigsten *traditionellen* Varianten der reduktiven Metaphysik:

2.64 *Traditionelle reduktive Metaphysik: Materialismus* und *Idealismus*

(1) Der *Idealismus* behauptet:
   (a) Der Geist existiert im primären Sinne (2.42 (3))
   (b) Die physische Welt existiert
      (i) entweder nur als Objekt des Geistes oder
      (ii) als Inhalt des Geistes oder
      (iii) als etwas, was seiner Natur nach geistig ist.
(2) Der *Materialismus* behauptet:
   (a) Materielle Partikel und Gegenstände, die sich aus materiellen Partikeln zusammensetzen, existieren im primären Sinne.
   (b) Alle Ereignisse und Prozesse der Welt sind physische Wechselwirkungen zwischen materiellen Partikeln.
   (c) Der Geist ist eine bestimmte Form materieller Partikel und ihrer physischen Wechselwirkungen.

Idealismus und Materialismus sind *monistische metaphysische Positionen* in Hinsicht auf das Geistige und Physische, d. h., sie behaupten, dass *einzig* der Geist bzw. *einzig* die Materie existiert. Natürlich setzen sie dabei bestimmte Begriffe von Geist und Materie voraus. Im Kern ist die Idee, dass die Materie letztlich aus starren Partikeln besteht, die ihrer Verformung und Durchdringung Widerstand entgegensetzen, und dass der Geist aus Akten und Fähigkeiten des Denkens, der Wahrnehmung und zum Teil auch des Fühlens besteht. Diese Vorstellungen sind recht grob; in den folgenden Kapiteln werden wir viel genauere Bestimmungen des Physischen und Geistigen kennen lernen.

In (1) (b) aus 2.64 sind verschiedene Varianten des Idealismus angedeutet: Das Physische wird von einigen Idealisten als eine bestimmte Menge von subjektiven Erscheinungen (Formen, wie uns Gegenstände erscheinen, Episoden des Scheinens (4.181)) und von anderen Idealisten als Menge von subjektiv repräsentierten Gegenständen (das, was repräsentiert wird) angesehen. Andere *absolute* Idealisten glauben, die gesamte Welt einschließlich ihrer geistigen, sozialen und kulturellen Ebenen seien Ausprägungen eines Wesens, das seiner Natur nach geistig ist – sie sind Ausprägungen des *objektiven Geistes*.

Die Begriffe der Materie und der Wechselwirkungen zwischen materiellen Partikeln, auf denen der Materialismus beruht, wurden in der philosophischen Tradition zum Teil in Begriffen der klassischen Physik präzisiert. So wurden materielle Partikel beispielsweise zum Teil als Masseteilchen in Raum und Zeit verstanden und ihre Wechselwirkungen als mechanischer Druck und Stoß oder auch als Wirkung über Fernkräfte wie die Gravitation (es gab allerdings auch Formen des Materialismus, die für ihre Definition der Materie nicht auf den physikalischen Begriff der Masse, sondern auf einfachere Vorstellungen wie Undurchdringlichkeit zurückgriffen). Vorstellungen der neueren Physik wie physikalische Felder (magnetische, elektromagnetische Felder oder Quantenfelder) waren dagegen nicht Bestandteil materialistischer Positionen.

Abschließend müssen wir einen Blick auf die *moderne reduktive Metaphysik* werfen. Die einflussreichen modernen Versionen der reduktiven Metaphysik knüpfen alle in der einen oder anderen Weise an den traditionellen Materialismus an und versuchen ihn mit Blick auf die gegenwärtigen Naturwissenschaften zu reformulieren. Die Idee des Idealismus stößt dagegen heute weitgehend auf Ablehnung. Dieser Trend beruht auf dem überragenden und unbestreitbaren Erfolg der Naturwissenschaften – der Physik, der Biologie, aber auch der Psychologie, der Hirnforschung oder der Kognitionswissenschaft. Da die Naturwissenschaften die Natur in allen ihren Aspekten untersuchen, tritt die moderne reduktive Metaphysik meist unter dem Titel *Naturalismus* auf. Eine spezielle Form des Naturalismus ist der *Physikalismus*:

2.65 *Naturalismus*

(1) Der *allgemeine Naturalismus* behauptet, dass alles, was es in der Welt zu beschreiben, zu postulieren und zu erklären gibt (unter anderem auch die Bereiche des Geistigen, Sozialen und Ästhetischen), in der Sprache der Naturwissenschaften beschrieben, postuliert und erklärt werden kann.
(2) Der *Physikalismus* behauptet, dass alles, was es in der Welt zu beschreiben, zu postulieren und zu erklären gibt (unter anderem auch die Bereiche des Geistigen, Sozialen und Ästhetischen), in der Sprache der modernen Physik beschrieben, postuliert und erklärt werden kann.

Wie unterscheiden sich Materialismus und Physikalismus? Unter anderem so: Felsen etwa und Bäume gehören beiden Positionen zufolge zu unserer Welt. Aber z. B. Photonen, Gravitationsfelder oder Quantenfluktuationen gehören zwar dem Physikalismus zufolge, nicht aber dem Materialismus zufolge zu unserer Welt. Der Materialismus leugnet, und der Physikalismus kann – je nach Stand der modernen Physik – zugeben, dass gewisse abstrakte Gegenstände existieren.

Der Naturalismus tritt in unterschiedlich starken Varianten auf. Manchmal wird er lediglich in einer *gemäßigten Form* vertreten:

2.66 *Gemäßigter Naturalismus*

Der *gemäßigte Naturalismus* fordert, alle Phänomene im Rahmen deskriptiver Vokabulare oder deskriptiver Theorien zu beschreiben und zu erklären, die sich im weitesten Sinne empirisch etablieren und korrigieren lassen.

Der gemäßigte Naturalismus bindet sich weder an eine bestimmte Naturwissenschaft noch überhaupt an irgendeine Naturwissenschaft. Denn es ist nicht ausgeschlossen, dass es deskriptive Vokabulare und Theorien gibt, die nicht zu den Naturwissenschaften gehören.

Die in 2.65 und 2.66 eingeführten Versionen des Naturalismus sind in einem doppelten Sinne *weiche* naturalistische Positionen. Zum einen schließen sie nicht aus, dass gewisse Phänomene auch in einem Vokabular beschreibbar sind, das nicht auf deskriptive Vokabulare und Theorien reduzierbar ist – denn sie fordern nicht, alles in der Welt *nur* in deskriptiven, naturwissenschaftlichen oder physikalistischen Vokabularen oder Theorien zu beschreiben –, sondern sind damit vereinbar, dass die Welt oder zumindest Teile der Welt in *verschiedenen Vokabularen* beschreibbar sind. Und zum anderen sind sie Varianten eines *explanatorischen Naturalismus*, der empfiehlt, alle Phänomene nach Maßgabe deskriptiver oder naturwissenschaftlicher oder physikalischer Theorien zu beschreiben und zu *erklären*. Viele Varianten des Naturalismus schließen jedoch eine *ontologische These* ein. Man nennt diese Varianten daher auch *metaphysisch*. Hier geht es vor allem um eine Naturalisierung unserer Existenzannahmen über die innere und äußere Welt:

2.67 *Metaphysischer Naturalismus*

Der *metaphysische Naturalismus* fordert, dass die Existenzannahmen akzeptabler Theorien letztlich auf die Existenzannahmen der empirischen Wissenschaften (4.208 (2)), der Naturwissenschaften oder der Physik als grundlegendster Naturwissenschaft zurückgehen müssen.

Offensichtlich lassen sich viele weitere Varianten zu 2.66 und 2.67 denken – in Gestalt einer explanatorischen oder metaphysischen Bindung an bestimmte andere Wissenschaften wie zum Beispiel Biologie oder Chemie oder kognitive Psychologie. Alle Varianten gehen jedoch gewöhnlich vom kontrafaktischen Bild abgeschlossener Wissenschaften aus.

Der metaphysische Naturalismus kann seinerseits unterschiedlich stark formuliert werden. Der *eliminative Physikalismus* ist die härteste Form des metaphysischen Naturalismus, denn er leugnet die Existenz mentaler und sozialer Phänomene:

2.68 *Eliminativer Physikalismus*

(1) Alle Phänomene sind Entitäten (2.43), die von einer abgeschlossenen Physik postuliert werden, oder werden vollständig aus solchen Entitäten konstituiert (= bestehen vollständig aus solchen Entitäten).

(2) Das Universum ist ein kausal abgeschlossenes physikalisches System (2.93) und enthält nur physikalische Teilsysteme, die miteinander kausal interagieren.
(3) Es gibt keine spezifisch mentalen oder sozialen Phänomene.

So weit geht der nicht-eliminative reduktive Physikalismus nicht:

2.69 *Nicht-eliminativer reduktiver Physikalismus*

(1) Alle Phänomene sind Entitäten, die von einer abgeschlossenen Physik postuliert werden, oder werden vollständig aus solchen Entitäten konstituiert.
(2) Das Universum ist ein kausal abgeschlossenes physikalisches System und enthält nur physikalische Teilsysteme, die miteinander kausal interagieren.
(3) Mentale und soziale Phänomene sind real; zumindest Menschen haben mentale Zustände (3.104) und sind in sozialen Zuständen.
(4) Menschen vollziehen reale Handlungen (5.230).
(5) Viele mentale oder soziale Phänomene und Handlungen sind mental oder sozial erklärbar (5.230–5.235).
(6) Das Mentale und Soziale sind spezifische Formen des Physischen, und mentale oder soziale Erklärungen sind spezifische Formen kausaler physikalischer Erklärungen.

Der nicht-eliminative reduktive Physikalismus behält also die Thesen (a)–(b) des eliminativen Physikalismus (2.68) bei, leugnet dessen These (c) und räumt stattdessen die Existenz mentaler und sozialer Phänomene ein. Dieses Zugeständnis ist allerdings nur aufgrund von These (f) mit den Thesen (a)–(b) vereinbar. Wenn wir beispielsweise Repräsentationalität (3.128) als ein Spezifikum des Mentalen verstehen und Repräsentationalität zugleich physikalistisch beschreiben und erklären könnten, wäre dies ein wichtiger Bestandteil dieser Version des Physikalismus.

5. Naturphilosophie und nomologische Erklärungen

Die Idee der Natur

Das folgende Kapitel beschäftigt sich primär mit den *allgemeinsten Begriffen der Natur und der Naturgesetze*, die ein Thema der *Naturphilosophie* sind. Die Naturphilosophie diskutiert die allgemeinen Naturbilder, die in den grundlegenden Naturwissenschaften Physik, Chemie und Biologie vorausgesetzt werden. Es geht dabei nicht um geistige und soziale Strukturen, die ein Thema der Philosophie des Geistes und der Sozialontologie sind und in späteren Kapiteln behandelt werden.

Wir werden insbesondere sehen, wie die theoretische Philosophie heute die großen Bereiche der Natur, des Geistes und des Sozialen beschreibt – und zugleich, wie die theoretische Philosophie die typischen Erklärungsarten von natürlichen, geistigen und sozialen Phänomenen kennzeichnet: die Erklärungen durch Rückgriff auf Naturgesetze (die *nomologischen* Erklärungen von Naturereignissen), das Verstehen von mentalen Ereignissen und sprachlichen Äußerungen, und die rationalisierenden Erklärungen von einzelnen oder kollektiven Handlungen.

Die Diskussion von Erklärungsarten wird oft der Wissenschaftstheorie zugerechnet, die im 13. Kapitel behandelt wird. Aber Erklärungen kommen auch im Alltag vor und sind daher nicht nur eine wissenschaftliche Aktivität. Zudem können sich aus dem Blickwinkel der theoretischen Philosophie eine Beschreibung von Natur, Geist und Gesellschaft einerseits und eine Unterscheidung typischer Erklärungsarten in diesen Bereichen andererseits auf fruchtbare Weise gegenseitig erhellen.

Die allgemeinste Idee der Natur, von der die philosophischen Debatten heute am häufigsten ausgehen, charakterisiert die Natur als das *Reich der Naturgesetze* – also als Reich all jener Ereignisse, die durch Naturgesetze miteinander verbunden sind. Die allgemeine Idee der Natur greift also vor allem auf den Begriff des *Naturgesetzes* zurück, dessen Bestimmung sich ihrerseits, wie wir sehen werden, als notorisch schwierig erweist. Zwar wird gewöhnlich angenommen, dass Naturgesetze empirische Regularitäten (= regelmäßige Folgen von Ereignistypen) sind, die sich durch synthetische Allsätze beschreiben lassen (im einfachsten Falle geschieht dies in der Form, dass alle oder die meisten As auch B sind). Aber hier endet der Konsens auch schon.

Immerhin können wir schon mit dieser weitherzigen Bestimmung die Naturgesetze von anderen Arten von Gesetzen abgrenzen, etwa von juristischen, moralischen, logischen oder mathematischen Gesetzen. Aber für eine genauere Definition von Naturgesetzen ist damit noch nicht viel gewonnen. Eine der wichtigsten Fragen lautet, ob Naturgesetze *mehr* sind als empirische Regularitäten. Es scheint viele empirische Regularitäten zu geben, die niemand als kausal ansehen würde, z. B.: Immer wenn bei Opel in Rüsselsheim mittags um 12 Uhr zum Schichtwechsel die Sirene heult, begeben sich 30 Kilometer entfernt mindestens zehn Verwaltungsangestellte der Goethe-Universität zu Tisch; oder: Alle eisernen Kugeln, die in der Geschichte des Universums existieren, haben einen kleineren Durchmesser als 10 km. Auf der anderen Seite ist es sehr schwierig, genau anzugeben, welche weiteren Merkmale Naturgesetze gegenüber empirischen Regularitäten haben könnten. Meist wird an diesem Punkt auf die Notwendigkeit naturgesetzlicher Regularitäten hingewiesen, aber es hat sich als sehr kompliziertes Problem erwiesen, diesen naturgesetzlichen Notwendigkeitsbegriff genauer zu erläutern.

Im Wesentlichen haben sich zwei einflussreiche Positionen herausgebildet: Die eine geht davon aus, dass Naturgesetze nichts anderes sind als grundlegende empirische Regularitäten (die *regularistische Theorie* der Naturgesetze); die zweite Position besteht darauf, dass es Notwendigkeiten und notwendige Verknüpfungen in der Natur gibt (also De-re-Notwendigkeiten (2.61 (6))) und dass Naturgesetze solche notwendigen Verknüpfungen sind (die *Notwendigkeitstheorie* der Naturgesetze). Die zweite Position ist, anders als die erste, natürlich verpflichtet, die naturgesetzliche Notwendigkeit, von der sie spricht, plausibel zu analysieren.

Wir werden also zuerst den Begriff des Naturgesetzes selbst genauer untersuchen; an diesem Punkt können wir aber nicht stehen bleiben. Zur allgemeinen Kennzeichnung der Natur gehört auch ein Umriss der Naturbilder, die von der klassischen und modernen Physik entworfen wurden. Im nächsten Kapitel werden wir uns zusätzlich noch mit einigen Grundbegriffen beschäftigen, die zur Charakterisierung von Lebewesen dienen, die schließlich auch zur Natur gehören.

Naturgesetze

Die einflussreichsten Theorien der Naturgesetze gehen von einer Analyse der *Sätze* aus, in denen Naturgesetze typischerweise beschrieben werden (von den *gesetzesartigen Sätzen*), und versuchen, auf dieser Grundlage eine Kennzeichnung von *Naturgesetzen selbst* zu gewinnen. Dabei teilen sie eine Reihe von Überzeugungen:

(a) Gesetzesartige Sätze sind ihrer sprachlichen *Form* nach allquantifizierte (1.28) oder statistische Sätze, die im Allgemeinen keine Nominatoren (1.2, 1.3) enthalten und konditionale Form (der Art »wenn p, dann q«) aufweisen *(wesentliche Allgemeinheit)*.

(b) Gesetzesartige Sätze sind ihrer *Geltung* nach synthetische Sätze, die an allen Raum-Zeit-Punkten im

Universum wahr sind, für die ihre Anfangsbedingungen erfüllt sind *(unbeschränkte Allgemeinheit).*

(c) Gesetzesartige Sätze sind kontrafaktisch gültig, d. h. begründen irreale Konditionalsätze der Form »wäre p der Fall, so wäre q der Fall« *(hypothetische Allgemeinheit).*

Diese Analyse beansprucht nicht, alle notwendigen und hinreichenden Bedingungen (1.12) für Naturgesetzlichkeit angeben zu können, sie beansprucht nur, auf einige wichtige notwendige Bedingungen hinzuweisen.

2.70 *Allgemeinster Begriff des Naturgesetzes*

(1) *Naturgesetze* sind allgemeine empirische (d. h. durch synthetische Sätze (1.20) beschreibbare) *Regularitäten* – im einfachsten Fall der Form »Alle Ps sind Q«, (symbolisch: $\forall x\ (P(x) \supset Q(x))$, denen gemäß sich Zustände P von Gegenständen x unter bestimmten Bedingungen entweder stets auf eine bestimmte Weise Q verändern oder stets mit anderen Zuständen Q von x korreliert sind.

(2) Naturgesetze müssen unterschieden werden von anderen Arten von Gesetzen, vor allem von *juristischen* oder *moralischen Gesetzen* als Normen, Maximen oder Regeln des Handelns und der Handlungskoordination, sowie von *logischen* und *mathematischen Gesetzen* als Theoremen logischer oder mathematischer Theorien.

Wichtigste Merkmale von Naturgesetzen: Naturgesetze sind

(i) *wesentlich allgemein* in dem Sinne, dass sie nicht nur eine logische Konjunktion aus endlich vielen singulären Sätzen darstellen,

(ii) *unbeschränkt allgemein* in dem Sinne, dass sie nicht nur in beschränkten Raum-Zeit-Intervallen gelten,
(iii) *hypothetisch allgemein* in dem Sinne, dass sie irreale Konditionale rechtfertigen, d. h. im einfachsten Fall Aussagen der Form »Wäre x ein P, so wäre x auch ein Q«.

Betrachten wir als Beispiele folgende Allsätze und prüfen wir anhand dieser minimalen Bestimmungen, ob sie Naturgesetze beschreiben:

(a) Immer dann, wenn sich die Temperatur eines Gases ändert, ändert sich auch der Druck.
(b) Immer dann, wenn Platon einen Mythos in einen seiner Dialoge einarbeitet, will er Thesen zur Diskussion stellen, die er nicht begründen kann.
(c) Immer dann, wenn jemand mordet und dabei ertappt wird, hat er in Deutschland eine Anklage vor Gericht zu erwarten.
(d) Zu jedem Gefühl existiert ein Gehirnzustand, der das Gefühl kausal hervorruft.
(e) Jeder mesokosmische (= mittelgroße) Körper enthält Elektronen.
(f) Immer dann, wenn man Prämissen der Form »p« und »wenn p, dann q« behauptet, sollte man zur Behauptung von »q« übergehen.
(g) Immer dann, wenn man eine Kirche betritt, nimmt man den Hut ab.
(h) Im kaiserlichen Rom genossen Ehefrauen von Patriziern bedeutende Freiheiten.
(i) Das Zusammentreffen von Übergewicht und starkem Rauchen führt mit erheblicher Wahrscheinlichkeit zu Krebs.
(j) Jeder frei fallende Körper fällt in Erdnähe mit der Beschleunigung g.
(k) Alle japanischen Kaiser wurden vom Volk geehrt.

Von diesen Sätzen beschreiben nur (a) und (e) eindeutig Naturgesetze. Satz (j) ist auf den ersten Blick nicht eindeutig ein Naturgesetz, weil dieser Satz nur auf die Erde beschränkt zu sein scheint. Aber er kann leicht in einen räumlich unbeschränkten Satz umgewandelt werden, indem man den Ausdruck »Erde« durch den Ausdruck »Körper mit der Masse E« ersetzt (wobei E die Masse der Erde ist). Satz (i) ist ein spezieller Fall, den wir im Anschluss noch besprechen werden. Satz (f) ist natürlich ein logisches Gesetz (nämlich der Modus ponens (1.15)), Satz (g) beschreibt eine religiös begründete Regel, während in (c) eine rechtliche Regel skizziert wird. Satz (b) bezieht sich nur auf endlich viele literarische Handlungen Platons und nennt auch nur ein mögliches Anzeichen dafür, dass Platon Thesen zur Diskussion stellen will, die er nicht begründen kann. Die Sätze (h) und (k) beziehen sich nur auf endliche historische Gegenstandsbereiche und lassen sich daher im Prinzip durch singuläre Sätze (d. h. hier durch große, aber endliche Konjunktionen, also Und-Sätze) ersetzen. Ein kniffliger Fall ist (d), denn dieser Satz scheint eine Regularität der Natur zu beschreiben (wenn er wahr ist), aber logisch betrachtet handelt es sich um einen gemischten All- und Existenzsatz, solche Sätze sind aber keine Naturgesetze im Sinne von 2.70.

Viele Naturgesetze werden als Gleichungen geschrieben, die auf den ersten Blick nicht eine konditionale allquantifizierte oder statistische Form haben. Aber derartige Gleichungen lassen sich nach verbreiteter Auffassung fast immer in die nach 2.70 geforderte Form bringen, z. B. steht die Formel

»$m_v = m_o / (1 - v^2/c^2)^{0.5}$«

für: »Für jedes Masseteilchen gilt: Wenn seine Geschwindigkeit v ist, dann ist seine Masse m_v gleich seiner Ruhemasse m_o geteilt durch $(1 - v^2/c^2)^{0.5}$.«

Nicht alle *Sätze über allgemeine Regularitäten* (= wahre wesentlich und unbeschränkt allgemeine Sätze) sind gesetzesartig, d. h. beschreiben Naturgesetze. Betrachten wir folgende Beispiele:

(l) Alle massiven Kugeln aus angereichertem Uran haben einen Durchmesser, der kleiner als eine Meile ist.

(m) Alle massiven Kugeln aus Gold haben einen Durchmesser, der kleiner als eine Meile ist.

Hier ist der Durchmesser in Fall (l) abhängig von den Uran-Eigenschaften, in (m) jedoch nicht von der Gold-Eigenschaft, sondern davon, ob jemand die Mühe und das Geld aufgewendet hat oder nicht, eine so große Goldkugel zu produzieren. Daher beschreibt (l) ein Naturgesetz, das auch hypothetisch allgemein ist, denn aus (l) folgt: Wäre K eine massive Kugel aus angereichertem Uran, so hätte K einen Durchmesser, der kleiner als eine Meile ist, sonst würde die Masse kritisch. Aus (m) folgt jedoch keineswegs, dass dann, wenn K eine Kugel aus massivem Gold wäre, K einen Durchmesser hätte, der kleiner als eine Meile ist, weil es ja tatsächlich einen verrückten Milliardär geben könnte, der irgendwann eine Kugel aus massivem Gold mit einem Durchmesser, der größer als eine Meile ist, herstellen lässt, um für alle Zeiten in die Geschichtsbücher einzugehen.

Die regularistische Theorie der Naturgesetze muss daher den Kriterien der wesentlichen und unbeschränkten Allgemeinheit ein weiteres Kriterium hinzufügen, das aus Sätzen über allgemeine Regularitäten Sätze über Naturgesetze macht. Gewöhnlich werden an dieser Stelle *epistemische* Kriterien (= Kriterien, die mit unserer Erkenntnissituation zu tun haben) genannt – auf diese Weise werden Sätze über allgemeine Regularitäten meist gut in umfassenderen Theorien verankert.

Die Notwendigkeitstheorie der Naturgesetze bezweifelt, dass dieses Manöver erfolgreich ist. Sie weist z. B. darauf hin, dass epistemische Bedingungen den Begriff des Naturgesetzes auf spezifische Theorien relativieren. Dieser Theorienrelativismus scheint aber schwer vereinbar mit der Idee zu sein, dass es Naturgesetze im Universum gibt, die wir nur entdecken müssen und die unabhängig davon existieren, ob wir sie entdecken oder nicht und wie wir sie beschreiben. Aus diesem Grund beschreibt die Notwendigkeitstheorie Naturgesetze als abstrakte notwendige Relationen zwischen Universalien (2.43) von individuellen Gegenständen. Eine mildere Variante dieser Theorie behauptet, dass die Naturgesetze faktische und nicht notwendige Relationen zwischen Universalien sind – Naturgesetze sind dann abstrakte Relationen zwischen Universalien:

2.71 *Regularistische Theorie und Notwendigkeitstheorie der Naturgesetze*

(1) Die *regularistische Theorie der Naturgesetze* behauptet im Kern, dass Sätze, die die Bedingungen aus 2.70 erfüllen und Behauptungen von anerkannten und axiomatisierten (1.40), logisch organisierten empirischen Theorien (4.210) sind, *gesetzesartig* sind, d. h., dass sie Naturgesetze beschreiben. Die modale Sprache wird folgendermaßen verstanden: Satz p ist physikalisch unmöglich, wenn es ein Naturgesetz gibt, mit dem p unvereinbar ist; und p ist physikalisch möglich, wenn p mit allen Naturgesetzen vereinbar ist.

(2) Die *Notwendigkeitstheorie der Naturgesetze* behauptet im Kern, dass gesetzesartige Sätze dadurch ausgezeichnet sind, dass sie auf Universalien (2.43) verweisen, die eine Notwendigkeitsrelation zueinander aufweisen: Der Satz »Fs sind

Gs«, wobei F-heit und G-heit Universalien sind, ist ein Naturgesetz, wenn F-heit und G-heit durch eine nicht-logische Notwendigkeit verbunden sind, d. h., wenn der Satz »Notwendigerweise gilt, dass Fs auch Gs sind« wahr ist. Die moderate Variante dieser Theorie fasst die Relation zwischen Universalien als faktisch gegeben auf und betrachtet Naturgesetze als abstrakte relationale objektive Strukturen von Mengen (meist Paaren) von Universalien.

Die Notwendigkeitstheorie kann in ihrer moderateren Variante (die genaugenommen keine Notwendigkeitstheorie mehr darstellt, sondern eine *Strukturtheorie* der Naturgesetze) vor allem mathematisch gefasste funktionale Beschreibungen von Naturgesetzen angemessen erläutern. *Funktionale Naturgesetze* werden gewöhnlich so beschrieben, dass die Werte w einer Eigenschaft P von physischen Entitäten (2.43) zu den Werten v einer Eigenschaft Q von physischen Entitäten in einer festen Relation stehen, die durch eine mathematische Funktion f (2.96) dargestellt werden – in der Form f (w(P)) = v(Q).

Eines der einfachsten Beispiele ist die lineare Formel y = mx + n. Hier mögen die festen Parameter m und n nicht mehr als Zahlen sein. Sobald die Werte für die Variablen (1.25) y und x (gegebenenfalls auch die Parameter m und n) semantisch interpretiert sind, d. h. bestimmten Eigenschaften von Objekten zugeordnet werden, beschreibt die Formel erstens eine konstante lineare Relation zwischen diesen Eigenschaften und legt zweitens als Funktion die abhängige und unabhängige Variable fest. Eine mögliche semantische Interpretation könnte zum Beispiel lauten: y ist der numerische Wert, der sukzessive Positionen eines sich bewegenden Massepunktes kennzeichnet (also seinen Weg in Abhängigkeit von der Zeit, s(t)), x ist die Dauer der Bewegung von einem ersten Zeitpunkt (dem Nullzeitpunkt) an gerechnet; und m ist die Geschwindigkeit, n die Position des Teilchens zum Nullzeitpunkt. Dann wird die lineare Formel zu $s(t) = vt + s_0$ und bezeichnet ein Naturgesetz, das eine objektive Struktur, d. h. eine konstante (das heißt hier: lineare) Relation zwischen Weg und Zeit ist: Diese Relation ändert sich weder in der Zeit noch für verschiedene Individuen. Die Abhängigkeit der Variablen ist über die Funktionsform derart festgelegt, dass sich der Weg abhängig von der Zeit ändert, wenn Startposition und Geschwindigkeit als konstante Parameter vorgegeben sind. *Naturgesetze sind also objektive Strukturen, d. h. konstante Relationen zwischen Eigenschaften von Objekten (zwischen Klassen von Objekten), die sich oder insofern sie sich (gegebenenfalls hinsichtlich ihrer numerischen Werte) verändern und wandeln.*

Bei der Erläuterung der weiteren grundlegenden Begriffe zur Naturgesetzlichkeit und Kausalität werden wir der Einfachheit halber von der Standardanalyse 2.70 ausgehen. Diese Analyse ist primär an *deterministischen Verlaufsgesetzen* orientiert: Ein Ereignis E von Typ A bewirkt immer und notwendig ein Ereignis F vom Typ B. Dabei kommt E zeitlich früher vor als F. Und dass ein A-Ereignis immer und notwendig ein B-Ereignis bewirkt, bedeutet vor allem, dass wo und wann auch immer im Universum ein A-Ereignis auftritt, auch bald darauf ein B-Ereignis auftritt, und wo und wann auch immer ein A-Ereignis auftreten *würde*, bald darauf auch ein B-Ereignis auftreten *würde*. Es gibt jedoch auch Naturgesetze, die *koextensiv* sind. Die Härte von Diamanten beispielsweise wird von der molekularen Struktur der Kohlenstoffe von Diamanten verursacht, aber diese molekulare Strukturierung geht der Oberflächeneigenschaft zeitlich nicht voraus. Und es gibt – zumindest der modernen Physik zufolge – Naturgesetze, die nicht deterministisch, sondern *statistisch* sind, d. h., es gibt Naturgesetze, die voraussagen, dass wo und wann auch immer ein A-Ereignis auftritt bzw. auftreten würde, mit einer gewissen Wahrscheinlichkeit auch ein B-Ereignis auftritt oder auftreten würde. Wir verstehen im Weiteren die Standardanalyse so, dass diese Fälle eingeschlossen sind: *Es gibt koextensive und statistische Naturgesetzlichkeit.* Insbesondere die Unterscheidung zwischen deterministischen und statistischen Naturgesetzen verdient es, ein wenig genauer erläutert zu werden:

2.72 *Deterministische Naturgesetze*

(1) Ein Naturgesetz heißt *deterministisch*, wenn es die ausnahmslose Verbindung zweier Typen von Tatsachen repräsentiert.
(2) Die logische Grundform deterministischer Naturgesetze ist ein Konditionalsatz der Art »Alle Ps sind Q ($\forall x\ (P(x) \supset Q(x))$)« (dabei müssen die Bedingungen P und Q selbstverständlich nicht notwendigerweise durch einfache einstellige Prädikatoren ausgedrückt werden, auch kommen meist logisch komplexere Quantoren vor).
(3) Werden deterministische Naturgesetze in ihrer logischen Grundform dargestellt, so widersprechen ihnen Sätze der Formen »Es gibt ein x, das P und nicht Q ist ($\exists x\ (P(x) \wedge \neg\ Q(x))$)« und »Das Ding a ist P und nicht Q ($P(a) \wedge \neg\ Q(a)$)« logisch.

Die Erläuterung statistischer Naturgesetze operiert mit einem Wahrscheinlichkeitsbegriff (der wie üblich durch »p« für »probability« abgekürzt wird), den man *objektive physikalische Wahrscheinlichkeit* nennt. Es handelt sich bei dieser Wahrscheinlichkeit nicht um die logische Wahrscheinlichkeit im Sinne des Bestätigungsgrades gewisser Sätze oder Theorien und nicht um die subjektive Wahrscheinlichkeit im Sinne des Grades, mit dem wir subjektiv ein Ereignis erwarten (gemessen am Maß unserer Bereitschaft, auf das Eintreffen des Ereignisses zu wetten), sondern um den Grenzwert von Folgen von Häufigkeiten, also Folgen von Daten der Form *X % der As waren B*:

2.73 *Statistische Naturgesetze*

(1) Ein Naturgesetz heißt *statistisch*, wenn es eine Wahrscheinlichkeit repräsentiert, mit der ein Typ von Tatsachen mit einem anderen Typ von Tatsachen einhergeht.
(2) Die logische Grundform statistischer Naturgesetze ist eine Wahrscheinlichkeitsaussage der Form »Die Wahrscheinlichkeit p dafür, dass ein Ding G ist, gegeben, dass es F ist, ist gleich r« (üblicherweise wird dies notiert als: $p(G|F) = r$, mit einer Zahl r zwischen 0 und 1).
(3) Die in (2) genannte Wahrscheinlichkeit (von G) heißt *bedingt* (durch F). Wenn $r = 1$ ist, so ist G ein sicheres Ereignis; wenn $r = 0$ ist, so ist G ein unmögliches Ereignis.
(4) Werden statistische Naturgesetze in ihrer logischen Grundform dargestellt, so widersprechen ihnen Sätze der Formen »Es gibt ein x, das F und nicht G ist« und »Das Ding a ist F und nicht G« logisch nicht.

Im Falle des deterministischen Naturgesetzes (j) oben auf S. 63 beispielsweise würde das Ereignis, dass ein frei fallender Körper in Erdnähe *nicht* mit der Beschleunigung g fällt, diesem Naturgesetz widersprechen.

Ein bekanntes statistisches Naturgesetz ist: Die Wahrscheinlichkeit dafür, mit einem regulären Würfel eine 6 zu werfen, ist 1/6. Das Ereignis, dass jemand in den ersten 12 Würfen nur einmal eine 6 wirft, würde aber diesem statistischen Gesetz *nicht* widersprechen. Die Wahrscheinlichkeit $^1/_6$ ist vielmehr der Grenzwert der Folge von Daten (nach zunehmend vielen Würfen) beispielsweise der Form: »Nach x Würfen waren 16 % der Würfe eine 6, nach y Würfen waren 16,66 % der Würfe eine 6, ..., nach z Würfen waren 16,66666 % der Würfe eine 6, etc.« Satz (i) aus den Beispielen beschreibt ebenfalls ein statistisches Naturgesetz, insofern sich die angegebene Wahrscheinlichkeit quantifizieren lässt.

Wenn die statistische Beschreibung von Naturgesetzen nicht nur ein Ausdruck unseres unvollkommenen Wissens ist, sondern es tatsächlich statistische Naturgesetze gibt (und so sieht es nach der gegenwärtigen Physik aus), dann gibt es Naturereignisse, die keine Ursache haben und irreduzibel kontingent sind. Damit verfügen wir über eine metaphysische Grundlage für die Rede über mögliche Welten, denn statistische Gesetzmäßigkeiten enthalten echte Verlaufsalternativen, in die der aktuale Verlauf unserer Welt hätte oder würde einmünden können.

Natur, Kausalität und Determinismus

Auf der Grundlage des Begriffes von Naturgesetzen können wir einige weitere naturphilosophische Begriffe näher erläutern:

2.74 *Natur, Kausalität, Ursache und Wirkung*

(1) *Natur* ist das Reich jener Tatsachen, die durch Naturgesetze (2.70–2.73) miteinander verbunden sind (allgemeinster Naturbegriff).

(2) *Kausalität* ist das naturgesetzlich vermittelte Wirken von Ereignissen oder Zuständen auf andere Ereignisse oder Zustände (klassischer Kausalitätsbegriff).
(3) Wenn $\forall x\,(P(x) \supset Q(x))$ ein deterministisches Naturgesetz (2.72) ist, dann ist für jeden bestimmten einzelnen Gegenstand a die Tatsache P(a) eine *Ursache der Wirkung* Q(a).
(4) Wenn $p(G|F) = r$ (mit $r > 0{,}5$) ein statistisches Naturgesetz ist und wenn dabei $p(G|F) > p(G)$ ist, dann ist für jeden bestimmten einzelnen Gegenstand a die Tatsache F(a) *statistisch relevant* für G(a).

Mit dem Begriff einer statistisch relevanten Tatsache soll die Vorstellung eingeholt werden, dass auch im Falle statistischer Naturgesetze ein Analogon zu Ursachen wirkt.

Aus 2.74 wird ersichtlich, dass die Standardanalyse das Ziel verfolgt, die Begriffe von Kausalität und Ursache durch Rückgriff auf den Begriff des Naturgesetzes zu erläutern. In der gegenwärtigen Diskussion wurde aber auch der Vorschlag gemacht, umgekehrt vorzugehen und von einer Explikation des Begriffes »Verursachung« *(causation)* auszugehen und aus dieser Explikation Bestimmungen naturgesetzlicher Beziehungen abzuleiten. In diesem Zusammenhang ist das philosophische Motiv leitend, möglichst schwache Begriffe von Notwendigkeit zu verwenden oder diesen Begriff in empiristischer Manier gänzlich zu vermeiden.

Einer dieser Vorschläge ist das *Aktorenmodell der Kausalität*, das sich meist ausdrücklich als theoretische Alternative zur Standardanalyse der Kausalität in 2.74 präsentiert. Das Aktorenmodell geht davon aus, dass wir die *Verursachung* primär als direkte Relation zwischen Einzelereignissen denken. Die Subsumption (= Unterordnung) unter ein allgemeines Naturgesetz soll bei dieser Relation nicht erforderlich sein. Wir orientieren unsere Vorstellung von Kausalität diesem Vorschlag zufolge vielmehr primär an unserem Eingreifen in die Welt, an Handlungen (5.230) des Geschehen-Machens. Diese Vorstellung fand und findet auf der Ebene der Wissenschaften ihr Echo in der experimentellen Methode. Das Kriterium für Naturgesetzlichkeit besteht dann darin, dass wir im Rahmen eines experimentellen Designs bestimmte einzelne Veränderungen erzielen können:

2.75 *Aktorenmodell der Kausalität*

(1) Paradigma (= maßgebliches Musterbeispiel) der *Verursachung*: Ein Aktor (= handelnde Person) ruft durch ein bestimmtes eigenes Verhalten eine Veränderung in der Welt hervor.
(2) Ein singuläres Ereignis E steht in einer Relation der *Verursachung* zu einem anderen singulären Ereignis E*, wenn immer und nur dann, wenn E durch einen Aktor hervorgerufen wird, E* auf E folgt.
(3) Wenn E und E* in S in einer Relation der Verursachung zueinander stehen, ist dies ein *Indiz* dafür, dass zwischen E und E* auch *naturgesetzliche Beziehungen* bestehen, d. h., dass E* von E *regelmäßig* hervorgerufen wird.

Allerdings arbeitet das Aktorenmodell mit der Idee, dass Veränderungen in der Welt durch Aktoren hervorgerufen werden. Diese Idee wird ihrerseits aber nicht weiter erläutert, obgleich es naheliegt, ein Hervorrufen als kausales Bewirken zu verstehen. Damit würde der Vorschlag aber offenbar zirkulär werden.

Ein anderer Vorschlag eines Modells für Verursachung

gründet sich auf *Zwei-Stufen-Konzepte*. Zunächst wird vorausgesetzt, dass bestimmte deterministische oder statistische Regularitäten gelten (im letzteren Falle mit statistischen Relevanzen); zusätzlich werden auf einer zweiten Stufe durch Hinzuziehung weiterer Kriterien unter den empirischen Regularitäten kausale (gegebenenfalls statistische) Relationen ausgezeichnet, z. B. auf pragmatische oder prozessuale Weise. Das einflussreichste prozessuale Modell ist die INUS-Analyse der Verursachung (INUS leitet sich ab von *insufficient* but *non-redundant* parts of *unnecessary* but *sufficient* conditions):

2.76 *INUS-Analyse der Verursachung*

Ursachen werden in singulären Bedingungssätzen der folgenden Form beschrieben (dabei sind S_1, ..., S_n und W einzelne singuläre Sätze): Wenn gilt
(i) die S_i sind zusammen hinreichend, aber nicht notwendig für W;
(ii) keine einzelne S_j folgt aus den restlichen S_n;
(iii) keine einzelne S_i ist für sich hinreichend für W;
dann beschreibt jede S_i eine INUS-Bedingung und damit eine *Teilursache* des von W beschriebenen Ereignisses. Die S_i zusammen beschreiben die *Ursache* dieses Ereignisses, und das Ereignis selbst ist die *Wirkung* aller INUS-Bedingungen.

Ein Kurzschluss in den Kabeln eines bestimmten Zimmers ist beispielsweise nach 2.76 Ursache für einen Hausbrand. Doch der besondere Kurzschluss als Spezialbedingung S_1 war natürlich nicht notwendig dafür, dass ein Brand ausbrach. Andererseits war er auch nicht hinreichend für den Ausbruch des Feuers, denn es musste zusätzlich brennbares Material im Haus sein (S_2) und ein Löschsystem fehlen ($\neg S_3$). Die Menge dieser Bedingungen war aber sehr wohl hinreichend für den Brand; und in dieser besonderen komplexen Gesamtbedingung (brennbares Material in diesem Zimmer, fehlendes Löschsystem) bildete der besondere Kurzschluss nur eine notwendige Spezialbedingung für das Feuer.

Offensichtlich verzichtet das INUS-Konzept auf einen Rückgriff auf De-re-Modalitäten und bezieht sich nicht einmal notwendigerweise auf Allsätze. An das INUS-Konzept der Ursache wird vielmehr ein modal schwacher Begriff der Verursachung angekoppelt. Die Kernidee eines kausalen Einflusses geht von Prozessen aus, die im Rahmen ihres Verlaufes an gewissen Raum-Zeit-Punkten gewisse qualitative Veränderungen manifestieren und sie anschließend bewahren:

2.77 *Interaktionskonzept der Verursachung*

(1) Sei P ein *Prozess,* der zwischen den Raum-Zeit-Punkten A und B (A ≠ B) läuft, und gelte von P, dass P zwischen A und B in Bezug auf eine Eigenschaft (oder Struktur) Q ohne weitere Interaktionen uniform bleiben würde, dann gilt: Eine *Marke*, bestehend aus einer Veränderung von Q nach Q' aufgrund einer Interaktion (= Wechselbeziehung) in A, *wird durch P übertragen* nach B, wenn P in B (und allen vorherigen Stadien ohne weitere Interaktionen) die Eigenschaft (oder Struktur) Q' aufweist.

(2) Wenn ein Prozess fähig ist, Veränderungen seiner Eigenschaften im Sinne von (1) zu übertragen, so *überträgt* der Prozess *seine eigene Struktur.* Ein Prozess, der seine eigene Struktur überträgt, ist *fähig, einen kausalen Einfluss* von einer lokalen Raum-Zeit zu einer anderen *voranzutragen.*

(3) Seien P_1, P_2 Prozesse, die sich im Raum-Zeit-Punkt S schneiden und ihre Strukturen Q bzw. R übertragen (im Sinne von (2)) bis zum Schnitt in S; dann gilt: Der Schnitt von P_1 und P_2 in S ist eine *kausale Interaktion*, wenn gilt: (a) P_1 weist bis S Struktur Q auf, nach S eine Struktur Q' ($Q \neq Q'$); (b) P_2 weist bis S Struktur R auf, nach S jedoch eine Struktur R' ($R \neq R'$).

(4) Seien dieselben Bedingungen wie in (3) gegeben, so gilt: Der Schnitt von P_1 und P_2 in S ist eine *Ursache* dafür,
   (a) dass P_1 nach S Struktur Q' aufweist;
   (b) dass P_2 nach S Struktur R' aufweist.

(5) Vorausgesetzt ist ferner die *statistische Relevanz* (2.74 (4)) des Schnittes von P_1, P_2 in S (abgekürzt: Schn.), d. h.
   (i) $p\,(Q')(P_1)|\text{Schn.}) > p\,(Q'(P_1))$;
   (ii) $p\,(R'(P_2)|\text{Schn.}) > p\,(R'(P_2))$.

Im Anschluss an unsere bisherigen Überlegungen zum Begriff des Naturgesetzes und der Kausalität können wir auf die Idee des *Determinismus* und des *Indeterminismus* eingehen. Beide Konzepte sind unter anderem wichtig für die Diskussion über menschliche Freiheit in der praktischen Philosophie. Beginnen wir mit einer kurzen Charakterisierung der üblichen klassischen Versionen dieser Ideen:

2.78 *Klassischer (Laplace'scher) Determinismus und klassischer Indeterminismus*

(1) Der *klassische Determinismus* behauptet, dass (i) jedes einzelne Ereignis im Universum durch frühere Ereignisse und bestehende Naturgesetze ein-

deutig festgelegt ist und dass (ii) ein Geist, der einen bestimmten Zustand des Universums sowie die geltenden Naturgesetze vollständig kennt, den weiteren Verlauf des Universums eindeutig vorhersagen könnte.

(2) Der *klassische Indeterminismus* behauptet, dass (i) einige einzelne Ereignisse nicht durch frühere Ereignisse und Naturgesetze festgelegt sind und demnach (ii) einzelne Ereignisse auch mit Hilfe vollständiger Information (3.127–3.128) über frühere Ereignisse und Naturgesetze nicht vorhersagbar sind.

Die meisten Naturwissenschaftler und Philosophen gehen heute davon aus, dass die Quantenmechanik (2.86–2.87) gezeigt hat, dass einige Ereignisse nicht determiniert sind und somit der klassische Determinismus falsch ist. Sie sind jedoch gleichzeitig der Meinung, dass damit die Annahme vereinbar (und wahrscheinlich zutreffend) ist, dass alle makrophysikalischen Ereignisse determiniert sind.

Diese Vorstellungen sind allerdings zu einfach und zum Teil irreführend. Die Verwendung von epistemologischen (= erkenntnistheoretischen) und kausalitätstheoretischen Begriffen (wie »Prognose« oder »Naturgesetz«) ist wenig hilfreich, denn sie sind, wie wir gesehen haben, umstritten und werden in physikalischen Theorien nicht verwendet. Eine theoretische Alternative wird oft so formuliert, dass Determinismus eine Eigenschaft von Theorien ist. Aber damit ist genauer gemeint, dass Determinismus eine Eigenschaft von Systemen ist, die als spezifische Gegenstandsbereiche von Theorien verstanden werden können. Unter *Systemen* werden dabei bestimmte Objekte oder Klassen bestimmter Objekte verstanden, insofern sie Eigenschaften haben, die für eine Theorie interessant sind (vgl. dagegen 2.93). Insofern Systeme in diesem einfachen Sinn zu bestimmten Zeiten spezifische Eigenschaften haben, werden sie auch *Zustände* der Systeme genannt (zuweilen nennt man vereinfachend auch die Eigenschaften selbst *Zustände*). Die Theorie bestimmt dann *Regularitäten* zwischen Systemen und ihren Zuständen. Dies geschieht typischerweise in Form von Funktionen, die unter anderem Zeitparameter enthalten – im einfachsten Fall in der Gestalt $f(z_1/t_1) = z_2/t_2$ (»wenn das System zu t_1 den Zustand z_1 annimmt, dann nimmt es zu t_2 den Zustand z_2 an«). Auf dieser Grundlage können Determinismus und Indeterminismus in einem ersten Anlauf folgendermaßen expliziert werden:

2.79 *Determinismus und Indeterminismus*

(1) Eine Theorie T und ihr Gegenstandsbereich G sind *deterministisch* genau dann, wenn für beliebige zwei Systeme aus G gilt: Wenn die Systeme zu einem bestimmten Zeitpunkt in exakt gleichen Zuständen sind, dann sind sie gemäß T aufgrund der Regularitäten in G auch zu allen späteren Zeitpunkten in exakt den gleichen Zuständen.

(2) Eine Theorie T und ihr Gegenstandsbereich G sind *indeterministisch* genau dann, wenn es mindestens zwei Systeme aus G gibt, für die gilt: Wenn die Systeme zu einem bestimmten Zeitpunkt in exakt gleichen Zuständen sind, dann gibt es gemäß T unter Geltung der Regularitäten in G einen späteren Zeitpunkt, zu dem die Systeme in verschiedenen Zuständen sind.

Die in 2.79 (2) erwähnten Regularitäten müssen statistischer Natur sein. Der entscheidende Punkt ist jedoch, dass es unter Voraussetzung von 2.79 nicht mehr so klar ist, ob die oft angeführten paradigmatischen Fälle von deterministischen und indeterministischen Theorien tatsächlich ihr Prädikat verdienen. Seit geraumer Zeit wird beispielsweise dafür argumentiert, dass die Gleichungen der Newton-Mechanik – die meist als paradigmatischer Fall einer deterministischen Theorie betrachtet werden – nicht unter allen Bedingungen eindeutige und somit deterministische Lösungen besitzen. Einige dieser Gleichungen besitzen zum Beispiel nur unter der Voraussetzung eindeutige Lösungen, dass die Zeitintervalle, in denen die betrachteten Prozesse vorkommen, definitiv begrenzt sind. Es scheint daher im Bereich der Newton-Mechanik nur ein lokaler Determinismus, jedoch ein globaler Indeterminismus zu gelten. Die Quantenmechanik dagegen – die meist als paradigmatischer Fall einer indeterministischen Theorie angesehen wird – kann auch deterministisch interpretiert werden (die sogenannte Kopenhagener Deutung ist indeterministisch im Sinne von 2.79; die Interpretation von de Broglie und Bohm ist demgegenüber deterministisch im Sinne von 2.79; 2.87).

Der Determinismus wird traditionell meist als *globale* Position aufgefasst, die für das gesamte Universum gilt und insofern eine *Kosmologie* beschreibt:

2.80 *Globaler Determinismus*

Es gibt eine globale Kosmologie als Theorie des gesamten Universums, so dass gilt: Wenn beliebige zwei mögliche Welten zu einem bestimmten Zeitpunkt in exakt den gleichen Zuständen sind, dann sind sie aufgrund der Regularitäten im Universum (wie sie von der Kosmologie beschrieben werden) auch zu allen späteren Zeitpunkten in exakt den gleichen Zuständen.

Es macht allerdings wenig Sinn, von einer globalen Kosmologie zu reden, denn wir dürfen annehmen, dass uns endlichen menschlichen Wesen die Etablierung einer angemessenen Theorie über das gesamte Universum unerreichbar ist. Daher gibt es gute Gründe dafür, in der Debatte um menschliche Freiheit von vornherein nur von *lokalen* Formen des Determinismus und Indeterminismus auszugehen, etwa in folgendem Sinne:

2.81 *Lokaler Determinismus* und *lokaler Indeterminismus*

(1) *Lokaler Determinismus:* Eine Theorie und ihr Gegenstandsbereich G sind *lokal-deterministisch* genau dann, wenn es einen Teilbereich G* von G und ein Zeitintervall T* gibt, so dass für beliebige zwei Systeme aus G* gilt: Wenn die Systeme zu einem bestimmten Zeitpunkt in T* in exakt den gleichen Zuständen sind, dann sind sie aufgrund der Regularitäten in G auch zu allen späteren Zeitpunkten in T* in exakt den gleichen Zuständen.
(2) *Lokaler Indeterminismus:* Eine Theorie und ihr Gegenstandsbereich G sind *lokal-indeterministisch* genau dann, wenn es einen Teilbereich G* von G und ein Zeitintervall T* gibt, so dass es mindestens zwei Systeme aus G* gibt, für die gilt: Wenn die Systeme zu einem bestimmten Zeitpunkt in T* in exakt den gleichen Zuständen sind, dann gibt es unter Geltung der Regularitäten in der aktualen Welt oder in einer möglichen Welt in G einen späteren Zeitpunkt in T*, zu dem sie in verschiedenen Zuständen sind.

Theorien und ihre Gegenstandsbereiche können dann zum Teil lokal-deterministisch und zum Teil lokal-indeterministisch sein.

Wir brauchen auch die Möglichkeit, von *einzelnen Zuständen* zu reden, die determiniert oder indeterminiert sind. Diese Redeweise können wir an 2.81 ankoppeln:

2.82 *Zustandsdeterminismus* und *Zustandsindeterminismus*

(1) Seien G* ein Gegenstandsbereich und T* ein zugehöriges Zeitintervall, wie in 2.81 (1) beschrieben, und sei z ein Zustand in G*, zu dem es in T* frühere Zustände $z_1 \dots z_n$ gibt, dann ist der *Zustand* z *determiniert* relativ auf die früheren Zustände $z_1 \dots z_n$.
(2) Seien G* ein Gegenstandsbereich und T* ein zugehöriges Zeitintervall, wie in 2.81 (2) beschrieben, und sei z ein Zustand eines Systems S in G* zur Zeit t derart, dass gilt: Zu einem früheren Zeitpunkt als t gab es einen Zustand z+ von S und ein System S+ mit exakt demselben Zustand z+ in G*, und zu t ist S+ in einem Zustand z', der verschieden ist von z von S; dann ist der *Zustand* z *indeterminiert* relativ auf die früheren Zustände $z_1 \dots z_n$.

Nach 2.82 sind Zustände stets nur *relativ* deterministisch oder indeterministisch – nämlich relativ auf gewisse andere Systemzustände. Dieses Bild wird noch komplexer, wenn wir drei weitere Aspekte bedenken, die sich unmittelbar aus den bisherigen Bestimmungen ergeben:

(a) Wenn ein deterministisches Zeitintervall mit einem indeterminierten Zustand beginnt, dann könnte man zumindest die unmittelbar folgenden Zustände als *partiell determiniert und partiell indeterminiert im linearen Sinne* ansehen, denn es hätte der Fall sein können, dass das System diese determinierten Zustände nicht angenommen hätte.

(b) Wenn Systemzustände ihrerseits komplex sind, d. h. bestimmte Teilzustände enthalten, dann könnten einige dieser Teilzustände determiniert und andere indeterminiert sein; in diesem Fall hätten wir es mit *partiell determinierten und partiell indeterminierten Zuständen im simultanen Sinne* zu tun.

(c) Wenn Systemzustände simultan mit mehreren früheren Systemzuständen über Regularitäten verbunden sind, dann könnten einige der früheren Systemzustände ihrerseits determiniert und andere indeterminiert sein; in diesem Fall hätten wir es mit einer *partiell determinierten und partiell indeterminierten Festlegung von Systemzuständen* zu tun.

Aus diesen Überlegungen resultiert ein recht verwickeltes Bild von Determinismus und Indeterminismus, das sich folgendermaßen zusammenfassen lässt:

(d) Ob Theorien und ihre Gegenstandsbereiche deterministisch oder indeterministisch sind, kann von Interpretationen der Theorien abhängen, die selbst oft nicht eindeutig sind.

(e) Nur lokale Formen des Determinismus und Indeterminismus lassen sich sinnvoll vertreten, so dass Gegenstandsbereiche zum Teil deterministisch und zum Teil indeterministisch sein können.

(f) Zustände können nur relativ auf andere Zustände determiniert oder indeterminiert sein, so dass sie (i) zum Teil von determinierten, zum Teil von indeterminierten Zuständen abhängen können, und (ii) sofern sie selbst komplex sind, zum Teil aus determinierten und zum Teil aus indeterminierten Zuständen bestehen können.

Dieses Bild scheint unter genau formulierbaren Aspekten keine klare Trennung zwischen determinierten und indeterminierten Systemzuständen zuzulassen und zum Beispiel die Rede von mehr oder weniger determinierten Zuständen zu erlauben.

Es gibt noch ein weiteres Problem im Zusammenhang mit *allen* angeführten Varianten des Determinismus und Indeterminismus: Sie alle unterstellen nämlich, dass die betrachteten Systeme *sich isoliert voneinander entwickeln.* Denn dürften wir voraussetzen, dass die betrachteten Systeme miteinander interagieren, dann wird es äußerst selten – wenn überhaupt – der Fall sein, dass zwei Systeme, die zu einem bestimmten Zeitpunkt in exakt denselben Zuständen sind, zu irgendeinem späteren Zeitpunkt ebenfalls in exakt denselben Zuständen sind, weil sie sich durch die Interaktion gegenseitig verändern. Führt man die Interaktionsprämisse ins Feld, wird der Determinismus sowohl in seiner globalen als auch in seiner lokalen Variante daher *trivialerweise falsch*. Dieser Konsequenz kann man nur dann entgehen, wenn man isolierte Systeme zugrunde legt, die relativ auf bestimmte Theorien den Status von *Modellen* (4.209) der Theorien haben. Doch dies entspräche nicht den tatsächlichen Verhältnissen in unserer aktualen Welt.

Klassisches Naturbild und moderne Physik

Wir können jetzt den allgemeinen Naturbegriff in 2.74 präzisieren, indem wir ihn zunächst auf klassische Vorstellungen zuspitzen (der Ausdruck »klassisch« wird hier im Sinne z. B. der klassischen frühmodernen Physik verwendet):

2.83 *Klassische Naturvorstellung*

(1) *Natur* ist das Reich jener Tatsachen, die durch deterministische Naturgesetze miteinander verbunden sind.

(2) Die deterministischen Naturgesetze erlauben es, alle Ereignisse und Prozesse sicher vorherzusagen, wenn alle Randbedingungen bekannt sind.

Nebenbei sei bemerkt, dass Prognosen zukünftiger Weltzustände aus deterministischen Naturgesetzen im Rahmen der klassischen Naturvorstellung im Regelfall mit Hilfe von Differentialgleichungen erstellt werden. In Differentialgleichungen tritt eine Funktion auf, die selbst die Ableitung einer anderen Funktion ist. Diese letztere Funktion (die sogenannte Stammfunktion zu der gegebenen Ableitung) gewinnt man – vorausgesetzt, dass die Differentialgleichung überhaupt lösbar ist – durch Integrieren der Differentialgleichung. Wenn man bestimmte Zustände als Anfangsbedingungen festlegen kann, liefert diese Lösung (also die Stammfunktion) dann eine Angabe über spätere Zustände. Insgesamt lassen sich damit die Umrisse des klassischen Naturbildes umreißen.

2.84 *Grundzüge des klassischen (frühmodernen) Naturbildes*

(1) Die Natur besteht aus beweglichen Körpern, deren Materie durch Masse, Trägheit und Impuls gekennzeichnet ist.
(2) Diese Körper bewegen sich unter der Einwirkung von Kräften durch den absoluten Raum und die absolute Zeit.
(3) Für die Materie-Eigenschaften gelten der Masse-Erhaltungssatz und der Impulserhaltungssatz.
(4) Für die absoluten Bewegungen der Körper unter Krafteinwirkung gelten die Newton-Axiome.
(5) Die Grundeigenschaften der Materie und der Bewegung sind quantifizierbar, und die grundlegen-

den Naturgesetze und damit die Bewegungen und ihre Veränderungen sind in Gestalt von Differentialgleichungen mathematisch fassbar.

In vielen philosophischen Debatten, z. B. in Debatten über Determinismus (2.78–2.82) und Freiheit oder über den Naturalismus (2.65–2.69), ist immer noch implizit das klassische Naturbild leitend. Die heutige Naturwissenschaft hat das klassische Naturbild jedoch gründlich verändert und angereichert. Diese Veränderungen müssen wir uns in ihren Grundzügen klarmachen. Einer der wichtigsten philosophischen Gründe dafür ist, dass der allgemeine und der klassische Naturbegriff die Kluft zwischen Natur, Geist und Gesellschaft so groß werden lässt, dass sie kaum noch überwindbar zu sein scheint. Ein reicheres Naturbild gibt Anlass zu der Hoffnung, dass sich diese Kluft zumindest verringern lässt. Die moderne Physik, also vor allem Relativitätstheorie, Quantenmechanik und Komplexitätstheorie (vgl. dazu auch die Einleitung zu Kapitel 6), aber auch Biologie und Evolutionstheorie (2.94) haben entscheidend zur Profilierung des heutigen Naturbildes beigetragen. In diesem Kapitel beschäftigen wir uns zunächst mit Kerneinsichten der modernen Physik, im nächsten Kapitel dann mit einigen Grundbegriffen der Evolutionstheorie, die für die theoretische Philosophie interessant sind.

Eines der wichtigsten Resultate moderner physikalischer Theorien haben wir schon erwähnt: *Die Grundgesetze der Natur sind statistisch* (2.73). Kontingenz und Notwendigkeit lassen sich daher realistisch deuten: Sie kommen in der Natur vor.

Die *Grundgedanken der Relativitätstheorie* haben das moderne Naturbild tiefgreifend geprägt. Aus den gescheiterten Versuchen, einen Äther als absolut ruhendes Medium für die Ausbreitung von elektromagnetischen Wellen und Lichtwellen nachzuweisen, zog Einstein den Schluss, dass es im Universum kein absolutes Bezugssystem für alle Bewegungen gibt. Es existiert also, um mit Newton zu sprechen, keine absolute Bewegung im absoluten Raum und in der absoluten Zeit, keine absolute Bewegung gegen den Äther. Die Unterscheidung zwischen absoluter und relativer Bewegung bricht damit zusammen, es gibt nur noch relative Bewegungen:

2.85 *Grundidee der Relativitätstheorie*

R1 Der Bewegungszustand eines geradlinig gleichförmig bewegten Systems (»System« wird hier nicht im technischen Sinne von 2.93, sondern eher im vagen Sinne von »Körper« oder »Entität« (2.43) gebraucht) lässt sich nur relativ zu einem anderen geradlinig gleichförmig bewegten System bestimmen.

R1* In allen Systemen, die sich gleichförmig-geradlinig zueinander bewegen, sind sämtliche Naturgesetze gleich.

R2 Die Lichtgeschwindigkeit hat in allen gleichförmig-geradlinig zueinander bewegten Systemen denselben Wert.

R2* Die Lichtgeschwindigkeit hat in allen gleichförmig-geradlinig zueinander bewegten Systemen denselben Wert, unabhängig davon, wo die Lichtquelle lokalisiert ist und von wo aus die Lichtgeschwindigkeit gemessen wird.

Nach R1 ist es insbesondere unmöglich zu wissen, ob sich ein System im Universum unabhängig von uns tatsächlich bewegt oder ruht. Alle messbaren Geschwindigkeiten sind Relativgeschwindigkeiten (ausgenommen die Lichtgeschwindigkeit).

Die Relativitätsprinzipien R1* und R2* verändern die Begriffe von Raum und Zeit. Für eine erste Annäherung an diese Veränderung versetzen wir Christine und Gustav, ein fiktives Paar, auf die fiktiven Planeten C und G: Christine hockt auf C und hat eine Taschenlampe in der Hand, Gustav sitzt auf G und blickt in ihre Richtung. *Wir* befinden uns auf der Erde und beobachten die beiden. Die Planeten sind 150 Millionen km voneinander entfernt, und von uns aus gesehen bewegen sie sich mit derselben Geschwindigkeit geradlinig gleichförmig durch unser Blickfeld. Wir nehmen an, dass Gustav auf G sehen kann, wenn Christine auf C die Taschenlampe anmacht – aber das Licht braucht etwa 8 Minuten, um von Christine zu Gustav zu gelangen. Auch wir können dies beobachten.

Während sich die Photonen auf den Weg zu Gustav machen, bewegt sich sein Planet G ein wenig weiter in derselben Richtung, und die Photonen erreichen Gustav daher nicht nach 8 Minuten, sondern, sagen wir, nach 10 Minuten. Das können wir messen, wie im Prinzip Christine und Gustav auch. Doch entsteht in diesem Szenario ein schreckliches Dilemma:

Christine und Gustav können einerseits wegen R1* nicht entscheiden, ob sie sich bewegen oder ob sie ruhen (relativ zu uns z. B.), und in beiden Fällen muss dasselbe Messresultat gelten; sie müssen daher annehmen, dass die Photonen von Christine bis zu Gustav nur 150 Millionen km überwinden müssen und nicht mehr als 8 Minuten brauchen.

Wir sollten andererseits wegen R2* ebenfalls erwarten, dass die Photonen nur 8 Minuten brauchen, weil die Lichtgeschwindigkeit in allen geradlinig gleichförmig zueinander bewegten Systemen unabhängig von der Lichtquelle denselben Wert hat.

Es gibt nur vier alternative Lösungsansätze für dieses Dilemma:

(a) Die Photonen bewegen sich ein wenig schneller als gewöhnlich; aber dann hätten sie Über-Lichtgeschwindigkeit, und das ist verboten.
(b) Die Entfernung zwischen Christine und Gustav ist ein wenig geringer, obgleich *sie* die Distanz weiterhin 150 Millionen km nennen (ihr Maßband verkürzt sich aber in der Bewegungsrichtung).
(c) Die Uhren von Christine und Gustav gehen ein bisschen langsamer, so dass ihre Uhren für den Weg der Photonen tatsächlich nur 8 Minuten anzeigen.
(d) Es gibt einen Mischeffekt von (b) und (c).

Die Möglichkeit (d) hat sich als richtig herausgestellt: Wir müssen in dem skizzierten Szenario mit einer Verlangsamung der Zeit *(Zeitdilatation)* und mit einer Verkürzung des Raumes *(Raumkontraktion)* relativ zu uns als Beobachtern auf einem gegebenen bewegten System rechnen.

Zeitdilatation und Raumkontraktion machen die Vorstellung einer *Raum-Zeit* erforderlich. Die Elemente der Raum-Zeit sind einfache Vorgänge in einem hinreichend kleinen Raum- und Zeitintervall. Sie werden *nicht* gedacht als Bewegung durch die Zeit, sondern als Ereignis, das einen sehr kleinen Teil der *bestehenden, gegebenen* Raum-Zeit ausfüllt, nämlich als *Punktereignis.* Die Punktereignisse fügen sich zu einer Linie zusammen: einer *Weltlinie* durch die Raum-Zeit.

Die *Quantenmechanik* führt uns in eine rätselhafte Mikrowelt unterhalb der Ebene von Atomen. Sieben ihrer wichtigsten allgemeinen Resultate lauten:

2.86 *Die wichtigsten allgemeinen Grundsätze der Quantenmechanik*

(1) Eine Strahlung der Frequenz γ kann nur in Form von diskreten Paketen, Energiequanten $h \cdot \gamma$ emit-

tiert und absorbiert werden: $E = h \cdot \gamma$ (mit der Frequenz γ und einem festen Wirkungsquantum h) (die *Natur ist nicht stetig*).

(2) Vier Eigenschaften (die in sogenannten Quantenzahlen beschrieben werden) kennzeichnen die Elektronen: Energiezustand, Bahndrehimpuls, Orientierung gegenüber einem äußeren Feld und Spin (Eigenrotation). Innerhalb jeweils einzelner Atome und Moleküle kommen nur verschiedenartige Elektronen vor, die sich in zumindest einer Quantenzahl voneinander unterscheiden (Pauli-Prinzip). Elektronen mit denselben Quantenzahlen, die in verschiedenen Atomen vorkommen, sind voneinander völlig ununterscheidbar. Sie sind verschiedene Substanzen, weisen aber keine eigene Individualität auf *(fehlende Individualität der elementarsten Bausteine der Natur)*.

(3) Der Zustand eines Quantenobjekts wird durch die komplexzahlige Amplitude Ψ (r, t) beschrieben. Diese Zustandsfunktion, die von den Parametern Ort und Zeit abhängig ist, ist aufgrund ihres komplexzahligen Anteils nicht messbar. Dennoch enthält sie die gesamte Information über das Quantenobjekt. Die Entwicklung des Zustands mit der Zeit wird durch eine Differentialgleichung (2.83) beschrieben, die *Schrödinger-Gleichung*. Messbar ist lediglich das Betragsquadrat der Zustandsfunktion, das die *Wahrscheinlichkeit* dafür angibt, das Quantenobjekt zu einer bestimmten Zeit an einem bestimmten Ort anzutreffen.

(4) Einige Messgrößen, z. B. Ort x und Impuls p eines Quantenobjekts, unterliegen der *Heisenbergschen Unbestimmtheitsrelation* $\Delta x \cdot \Delta p \geq h/4\pi$. Diese macht eine Aussage über die Streuung Δ

von Messwerten um einen Mittelwert: Das Produkt der Streuung der Messwerte bezüglich des Ortes und des Impulses kann einen bestimmten Wert nicht unterschreiten. Jede einzelne Orts- und Impulsmessung führt zwar jeweils auf einen exakten Wert, jedoch ist bei wiederholter Messung (bei gleichem Ausgangszustand) eine Streuung der Messwerte zu beobachten. Dies liegt nicht an einem schlechten Messapparat, sondern an der Natur der Quantenzustände. Auf diese Weise sind statistische Verhältnisse tief in die Natur eingebaut: Lokale und kinetische Existenz unterliegen einer Wahrscheinlichkeitsverteilung *(Verschmieren der Konturen von Quantenobjekten).*

(5) Viele quantenmechanische Vorgänge sind nicht raumzeitlich deutbar. Raum und Zeit sind lediglich abgeleitete Kategorien *(eine neue Rolle von Raum und Zeit; beide verlieren ihre Funktion als grundlegendste physikalische Parameter).*

(6) Nach einer Interaktion zweier Quantenobjekte A und B legen Messungen an A die messbaren Eigenschaften von B fest (auch über große Entfernungen); d. h., Quantenobjekte sind nach Abschluss einer Interaktion nicht separabel (*Nicht-Lokalität* und *Holismus der Quantenwelt*).

(7) Quantenobjekte wie z. B. Photonen vereinigen den Wellenaspekt und den Teilchenaspekt in sich – es gibt unabhängig von Beobachtung (1.20 (1)) und Experiment eine Superposition (= Überlagerung) beider Aspekte (der Begriff der Superposition betrifft allerdings eigentlich die Überlagerung möglicher Zustände im Sinne von möglichen Messwerten; die Vorstellung, dass sich Wellen- und Teilcheneigenschaften vor der Messung »überlagern«,

liefert eher ein anschauliches Bild, das man sich zum eigenen Verständnis machen kann, das aber keiner mathematischen Beschreibung zugänglich ist). Erst der Eingriff des Beobachters und Experimentators in die Quantenwelt scheint den Quantenobjekten definitive Eigenschaften zuzuordnen, sie eigentlich erst zu erzeugen (*Einschränkung von Objektivismus und Realismus* (2.46, 2.47)).

Mit Hilfe von zwei berühmten Experimenten – einem physikalischen Experiment und einem Gedankenexperiment – lassen sich einige dieser Resultate erläutern:

Das physikalische Doppelspaltexperiment:

Von einer Lichtquelle aus werden z. B. Photonen (das Experiment funktioniert auch mit Elektronen, Neutronen, Atomen und Molekülen) durch eine Wand mit zwei Spalten auf einen Photoschirm geschickt. Das Auftreffen eines Photons wird als punktförmiges Ereignis registriert – Photonen als Teilchen, als quantisierte Energiepakete. Der Ort einzelner Einschläge kann nicht vorhergesagt werden – sie treten indeterministisch auf. Werden jedoch viele Einschläge abgewartet, so entsteht auf dem Schirm ein Interferenzmuster, das für Wellen typisch ist, d. h., die Gesamtheit der Einschläge erfolgt nicht regellos, sondern determiniert: Das Gesamtbild kann sicher vorhergesagt werden. All dies gilt verblüffenderweise auch dann, wenn immer nur ein einziges Photon emittiert wird, so dass die Photonen nicht miteinander wechselwirken können. Wenn an einem der Spalte ein Photonendetektor registrieren soll, durch welchen Spalt das Photon nun ›wirklich‹ geflogen ist, verschwindet das Interferenzmuster.

Das Experiment am Doppelspalt zeigt auf besonders eindrucksvolle Weise, dass ein Quantenobjekt Teilchen-

und Welleneigenschaften besitzt: Registriert wird es als Teilchen, d. h. als Punkt auf einem Schirm. Die Entstehung des Interferenzmusters, das für Wellen charakteristisch ist, lässt jedoch darauf schließen, dass in der mathematischen Beschreibung dieser Objekte auch die Wellennatur berücksichtigt werden muss. Die mathematische Beschreibung verwendet die Zustandsfunktion Ψ (r, t), die in bestimmten Situationen (so auch im Doppelspaltexperiment) mathematisch die Form einer Welle hat. Das Betragsquadrat der Funktion wird physikalisch als die Auftreffwahrscheinlichkeit an einem bestimmten Ort des Schirms interpretiert. Auf diese Weise lässt sich mathematisch beschreiben, dass sich nach vielen Auftreffereignissen ein vorhersagbares Interferenzmuster bildet (dieses ist durch die deterministische Entwicklung von Ψ (r, t) bestimmt) und dass jedes *einzelne* Auftreffereignis nur mit einer gewissen Wahrscheinlichkeit prognostizierbar ist, also indeterministisch geschieht.

Unabhängig von der Messung scheinen also dem Photon zwei mögliche Alternativen zur Verfügung zu stehen, nämlich durch Spalt 1 oder Spalt 2 zu fliegen. Dabei handelt es sich um eine Addition oder Superposition dieser möglichen Alternativen. Die Messung selbst, also die Interaktion des Photons mit einem makrokosmischen, klassisch beschreibbaren Versuchsaufbau überführt eine der alternativen Möglichkeiten in die Wirklichkeit.

Das Gedankenexperiment mit »Schrödingers Katze«:

Stellen wir uns einen Behälter vor, durch dessen Wände keinerlei Interaktionen zwischen dem Inneren des Behälters und der Außenwelt stattfinden können. Im Behälter befindet sich eine Katze und außerdem ein Gerät, das durch ein Quantenereignis, z. B. den Zerfall eines radioaktiven Atoms, in Gang gesetzt werden kann. Tritt dieses Ereignis ein, so wird im Behälter eine Kapsel zerschmettert, die Cyanid enthält, und die Katze wird getötet. Tritt das Quantenereignis nicht ein, so bleibt die Katze am Leben.

Wir können annehmen, dass für einen externen Beobachter die Wahrscheinlichkeit gleich ½ ist, dass der radioaktive Zerfall stattgefunden hat, und gleich ½, dass er nicht stattgefunden hat. Daraus folgt der Quantenmechanik zufolge, dass für den Beobachter außerhalb des Behälters ohne einen weiteren Eingriff auch die Katze in einem superponierten Zustand ist: Sie *ist* 0,5 – wahrscheinlich lebendig *und* 0,5 – wahrscheinlich tot, sie *ist* einfach im Zustand dieser alternativen Möglichkeiten. Aber wenn der Beobachter die Tür des Behälters öffnet und nachschaut, also gleichsam eine Messung durchführt, wird er die Katze entweder lebendig oder tot vorfinden. Es scheint so zu sein, dass erst diese Art von Wechselwirkung des Quantenzustandes mit einer makroskosmischen klassischen Vorrichtung die Möglichkeiten des Quantenzustandes in die Realität einer der Alternativen überführt.

Der Quantenzustand eines Teilchens (oder einer Menge von Teilchen) besteht also aus einer Anzahl von alternativen Möglichkeiten. Man sagt auch, dass für den Quantenzustand ein lineares Superpositionsprinzip gilt: Die alternativen Möglichkeiten überlagern sich in gewissem Sinne additiv. Eine der Konsequenzen aus dieser These ist, dass Ort und Impuls eines Teilchens in der Quantenwelt nicht zugleich genau bestimmt werden können: Je genauer der Ort bestimmt wird, desto ungenauer wird der Impuls, und je genauer der Impuls bestimmt wird, desto ungenauer wird die Ortsbestimmung.

Die Quantenmechanik beschreibt insgesamt zwei verschiedene, allerdings gleichermaßen theoretisch wichtige Prozesse:

(a) Die deterministische Entwicklung von Quantenzuständen (als Überlagerungen möglicher alternativer

Zustände) in der Zeit, d. h. Veränderungen von Möglichkeiten in deterministischer Weise (nennen wir dies die Prozesse U), sowie

(b) die Wirkung eines Eingriffs klassisch beschreibbarer Messvorrichtungen auf Quantenvorgänge und Quantenzustände, die die superponierten Quantenzustände derart in die Realität heben, dass sie klassische Wahrscheinlichkeitsverteilungen für diese Alternativen festlegen; in diesem Fall handelt es sich um Veränderungen von Quantenzuständen mit indeterministischen Konsequenzen (nennen wir dies die Prozesse R).

Es sind also erst R, nicht schon U, die den Indeterminismus (2.78–2.82) ins Spiel bringen. Allerdings ist das nur deshalb möglich, weil bereits U eine Überlagerung von Möglichkeiten enthält (die sich deterministisch entwickeln, wenn nicht klassisch eingegriffen wird).

Die Quantenmechanik hat demnach die Grundsätze der klassischen Physik und Naturvorstellung erschüttert. Quantenobjekte sind nicht mehr raum-zeitlich eindeutig lokalisierbare Entitäten (2.43), und sie sind durch nichtlokale Kausalität verbunden; erst Messungen überführen komplexzahlige Amplituden in indeterministische Wahrscheinlichkeiten, Möglichkeiten in Wirklichkeiten (die allerdings statistisch gestreut sind). Andererseits scheint die klassische Physik für unsere Welt mittlerer Größen nach wie vor gültig zu sein. Daraus ergibt sich ein grundsätzliches Problem: Wie soll das Verhältnis zwischen Quantenwelt und klassischer Welt angemessen beschrieben werden? Um diese Frage zu beantworten, sind verschiedene Deutungen der Quantenmechanik vorgeschlagen worden:

2.87 *Wichtigste Deutungen der Quantenmechanik*

(1) *Realistische Interpretationen der Quantenmechanik:*

(a) Es werden *multiple, gespaltene Welten* postuliert. Besteht ein Quantenzustand aus einer Überlagerung alternativer Möglichkeiten, so wird bei einer Messung jede der Möglichkeiten in einer eigenen Welt realisiert. Ein Übergang in die klassische Welt (im Sinne der Reduktion der alternativen Möglichkeiten auf nur *eine* Wirklichkeit) findet nicht statt. Bei jeder Messung spaltet sich also die Welt einschließlich des Beobachters in verschiedene parallele Welten, die nicht miteinander interagieren.

(b) Die Quantenmechanik ist bislang *unvollständig*, d. h., es existieren *verborgene Parameter*. Wenn diese Parameter bekannt sein werden, verschwinden Indeterminismus (2.78–2.82) und Beobachterabhängigkeit der Theorie.

(c) Die gegenwärtige Quantenmechanik kann prinzipiell theoretisch nicht erklären, warum bei einer Messung ein Übergang von deterministisch strukturierten Möglichkeiten zu indeterministisch strukturierten Wirklichkeiten stattfindet. Sie muss daher durch eine bessere Theorie ersetzt werden.

(2) *Subjektivistische Interpretationen der Quantenmechanik:*

(a) *Wissenschaftstheoretischer Instrumentalismus:* Dieser Position zufolge erzählen wissenschaftliche Theorien (4.207, 4.211) mit ihren Behauptungen über nicht-beobachtbare Bereiche generell nicht jene Art von Geschichten, die wahrheitsfähig sein können – sie beschreiben vielmehr nur Modelle (4.209), die nichts weiter als Instrumente sind, die man benutzen kann, um Experimente zu entwerfen und weitere wahre empirische Aussagen über die Welt zu gewinnen.

(b) *Kopenhagener Interpretation:* Diese Deutung geht davon aus, dass Möglichkeiten nicht zur Realität gehören und dass die superponierten Möglichkeiten der Quantenzustände nicht von sich aus in die Realität übergehen. Vielmehr bringt allein die Wechselwirkung mit Messgerät und Beobachtung durch Menschen diesen Übergang zustande: Die *Realität* der Quantenzustände ist von einer Aktivität beobachtender und messender Subjekte abhängig. Es ist daher nicht mehr zulässig zu sagen, dass sich in der Physik eine autonome Quantenwelt entdecken und erforschen lässt. Gegenstand der Quantenmechanik ist vielmehr primär die Natur in ihrer Interaktion mit bestimmten Messgeräten. Allerdings bleibt diese Art des physikalischen Wissens *intersubjektiv*, insofern es unabhängig von *einzelnen* Beobachtern ist.

(c) *Orthodoxe Deutung der Quantenmechanik:* Eine Messung ist nicht schon mit der Wechselwirkung zwischen Phänomen und Messgerät, sondern erst mit der Deutung der Messung durch ein bewusstes sprachmächtiges Wesen abgeschlossen. Das Bewusstsein erhält also eine konstitutive Funktion für den Übergang von Möglichkeiten auf Quantenebene zur Realität.

In jedem Fall ist die Quantenmechanik die erste wissenschaftliche Theorie, die – allerdings auch immer schon *in* einer Sprache – zum Ausdruck bringt, dass die Welt unabhängig von uns nur einen prinzipiell *dispositionalen* oder *modalen* und gleichwohl objektiven Status hat (zum Begriff der Disposition vgl. 3.108 (1)). Offen bleibt allerdings weiterhin, wie der Holismus im Sinne der nicht-lokalen Kausalität (2.86 (6)) zu verstehen ist. Es ist offensichtlich, dass hier nicht der gewöhnliche Begriff eines kausalen Gesetzes verwendet wird. Vielmehr ziehen spezifische Strukturgesetze den Holismus nach sich. Hier handelt es sich um strukturelle Einschränkungen für ein System interagierender Teilchen: Die Summe ihrer Spins z. B. muss einen bestimmten Wert ergeben. Wird also erst durch den Eingriff einer Messung der Spin eines Teilchens festgelegt, so *folgt* aus dieser Festlegung und dem Spin-Erhaltungssatz *logisch* eine Festlegung des Spins anderer (auch gegebenenfalls entfernterer) Teilchen. Ob hier Kausalität im gewöhnlichen Sinne im Spiel ist, scheint zumindest zweifelhaft.

Nomologische Erklärungen

Wenn wir untersuchen wollen, wie sich die Bereiche der Natur, des Geistigen und des Sozialen voneinander unterscheiden und wie sie sich zueinander verhalten, dann ist einer der wichtigsten Punkte, die ins Auge gefasst werden müssen, die *Form ihrer Erklärbarkeit.* Denn es liegt nahe anzunehmen, dass es jedenfalls im Rahmen erfolgreicher kognitiver Zugriffe auf die Welt eine Entsprechung zwischen Arten von Fakten und Arten ihrer Erklärung gibt. Daher ist z. B., wie wir gesehen haben, der explanatorische Naturalismus eine grundlegende Variante des Naturalismus (2.66).

Wir müssen uns daher in diesem Kapitel der Frage widmen, welche Erklärungsarten für Naturphänomene typisch sind. Zuerst müssen einige eingespielte grundlegende Begriffe rund um die Idee der Erklärung erläutert werden:

2.88 *Allgemeinster Erklärungsbegriff*

(1) *Erklärungen* sind Antworten auf Warum-Fragen.
(2) *Erklärungen von Tatsachen* sind Antworten auf Warum-Fragen, die sich auf *Tatsachen* im Sinne von Ereignissen, Zuständen oder Vorgängen beziehen.
(3) Tatsachenerklärungen sind entweder *Erklärungen von allgemeinen Tatsachen (insbesondere der Geltung von Naturgesetzen)* oder *Erklärungen singulärer Tatsachen*, die sich durch singuläre Aussagen (1.7) beschreiben lassen.
(4) In allen Tatsachenerklärungen heißt der Satz, der die zu erklärende Tatsache beschreibt, *Explanandum*; die Konjunktion der Sätze, die die erklärenden Tatsachen beschreiben, heißt *Explanans.*
(5) In Erklärungen singulärer Tatsachen enthält das Explanans singuläre Sätze, die *Antecedensbedingungen* heißen.

Es gibt natürlich verschiedene Arten von Warum-Fragen. Im Rahmen von 2.88 sind wir zunächst an Fragen des Typs interessiert, (i) warum ein Ereignis in der Natur stattgefunden hat oder (ii) warum ein Naturgesetz oder eine allgemeine Regularität gilt. Die zweite dieser Fragen wird durch Angabe eines geeigneten allgemeineren Naturgesetzes beantwortet, aus der wir das zu erklärende Naturgesetz oder die Regularität ableiten können:

2.89 *Erklärungen von Naturgesetzen*

Sei G ein gesetzesartiger Satz (vgl. vor 2.70) oder eine Allaussage, dann heißt G *erklärt*, wenn es einen gesetzesartigen Satz, eine Allaussage oder eine Theorie T gibt, so dass eine der beiden folgenden Bedingungen erfüllt ist:
(1) $T \vdash G$
(2) Es gibt eine weitere Theorie T' sowie singuläre Aussagen A, so dass gilt: $T \land T' \land A \vdash G$.

Die erste der beiden aufgeführten Warum-Fragen ist jedoch von grundlegenderem Interesse. Die entscheidende traditionelle Idee hinter einer Erklärung singulärer Naturereignisse ist, dass ein solches Ereignis angemessen erklärt ist, wenn wir einsehen, warum das, was geschah, geschehen *musste*. Diesen Ansatz bringt der Begriff der kausalen oder deterministischen Erklärung auf den Punkt. Diesem Begriff zufolge können wir einsehen, warum das, was geschah, geschehen *musste*, wenn wir erkennen, inwiefern das, was geschah, aus einem früheren Ereignis *aufgrund von Naturgesetzen* folgte. Wenn wir diesen Erklärungstyp auf der linguistischen Ebene beschreiben, könnten wir sagen, dass der Satz, der das Explanandum beschreibt, aus den Sätzen, die die Antecedensbedingung und die Naturgesetze beschreiben, *logisch* und damit *deduktiv* abgeleitet werden kann. Darum spricht man hier von *deduktiv-nomologischen Erklärungen* (kurz: *DN-Erklärungen*). DN-Erklärungen arbeiten mit deterministischen Naturgesetzen (2.72). Die Antecedensbedingung nennt also die fallspezifische Tatsache, die man bereits aufgrund empirischer Erfahrung (4.183 (6)) festgestellt hat. Das Explanandum gibt an, was die erklärungsbedürftige Tatsache ist. Das Explanans, die Angabe der erfüllten Antecedensbedingung und die Angabe des Naturgesetzes bilden die Prämissen der DN-Erklärung.

Wir müssen nicht auf komplizierte physikalische Erklärungen zurückgreifen, um Beispiele für die Erklärungsform der DN-Erklärung zu finden. Wenn wir etwa sagen, dass dieser Faden riss (Explanandum), weil ein Gewicht an ihn gehängt wurde (Antecedensbedingung), und dass ein Faden immer dann reißt, wenn ein Gewicht seine Reißfestigkeit übertrifft (Naturgesetz), oder wenn wir sagen: Dieses Stück Holz ist über längere Zeit gerieben worden (Antecedensbedingung), und Reibung über einen längeren Zeitraum erzeugt Wärme (Naturgesetz), also hat dieses Stück Holz sich erwärmt (Explanandum); dann haben wir Beispiele einer DN-Erklärung vor uns. Wenn Astronomen erklären, warum der Mars gestern die Stellung S* einnahm (Explanandum), indem sie darauf hinweisen, dass er vor einem Jahr die Stellung S** innehatte (Antecedensbedingung), und dass aufgrund der Gravitationsgesetze und anderer Naturgesetze, die für die Planetenbewegungen unseres Sonnensystems eine Rolle spielen, gestern die Stellung S* erreicht werden musste, so ist auch das eine DN-Erklärung. Die folgende Definition der DN-Erklärung in 2.90 bildet diese Idee in ihrem Teil (1) ab (dabei verwenden wir jetzt und im Folgenden den Ausdruck »Naturgesetz« der Einfachheit halber für gesetzesartige Sätze, die Naturgesetze beschreiben):

2.90 *Deduktiv-nomologische Erklärungen singulärer Ereignisse*

Eine *kausale (deterministische) Erklärung eines singulären Ereignisses* B ist die Angabe von Antecedensbedingungen *(Ursachen)* $A_1, \ldots, A_n$ sowie eines kausalen (deterministischen) Naturgesetzes (2.72) G derart, dass in Hinsicht auf das Explanandum B gilt:

(1) $(A_1, \ldots, A_n), G \vdash B$ (die Form der Erklärung ist eine logische Deduktion)

(2) Es gilt nicht: $A_1, \ldots, A_n \vdash B$ (das Naturgesetz muss wesentlich vorkommen)
(3) Es gibt eine Klasse K von Sätzen derart, dass gilt:
(i) $K \vdash A_1, \ldots, A_n$
(ii) nicht: $K \vdash B$
($A_1, \ldots A_n$ und B sind unabhängig voneinander überprüfbar)
(4) Die A_i sind wahr und G ist gut bestätigt (das Explanans ist nicht falsch)

Dies ist das Modell der *deduktiv-nomologischen Erklärung* (kurz: der *DN-Erklärung*).

In 2.90 werden Punkt (1) weitere Bedingungen hinzugefügt. Denn man kann Beispiele von Erklärungen konstruieren, die die Bedingung (1) erfüllen, die aber niemand als gute Erklärung ansehen würde.

Betrachten wir beispielsweise folgende Erklärung:

»Dieses Stück Holz ist lange gerieben worden (Antecedensbedingung); und lange Reibung erzeugt Wärme (Naturgesetz); also hat dieses Stück Holz sich erwärmt oder ist über längere Zeit gerieben worden (Explanandum).«

In diesem Beispiel folgt das Explanandum logisch aus Antecedensbedingung und Naturgesetz, wie in 2.90 (1) gefordert; und doch wirkt diese Erklärung merkwürdig. Das liegt daran, dass das Explanandum logisch bereits aus der Antecedensbedingung allein folgt (gemäß der logisch wahren Aussageform $p \supset (p \vee q)$): Das Naturgesetz ist für die Erklärung des Explanandums also überflüssig. Dieser Fall wird mit 2.90 (2) ausgeschlossen.

Wie steht es aber mit der folgenden Erklärung? »Wenn dieses Stück Kupfer sich bei Wärme ausdehnt, ist es ein Stück Metall (Antecedensbedingung); und Kupfer dehnt sich bei Wärme aus (Naturgesetz); also ist dieses Stück Kupfer ein Stück Metall (Explanandum).«

Diese Erklärung erfüllt 2.90 (1) und 2.90 (2), denn das Explanandum folgt aus Antecedensbedingung und Naturgesetz. Das Naturgesetz ist außerdem für diese Ableitung erforderlich und nicht überflüssig. Und trotzdem hat die Erklärung etwas Schiefes an sich. Dieses Mal besteht das Problem darin, dass wir den Wahrheitswert (1.6) des Antecedens nicht unabhängig vom Wahrheitswert des Explanandums überprüfen können, denn wenn wir z. B. wissen wollen, ob die Antecedensbedingung wahr ist, müssen wir zuvor wissen, ob das Explanandum wahr ist. In einer guten DN-Erklärung sollte aber der Wahrheitswert des Antecedens unabhängig vom Wahrheitswert des Explanandums überprüft werden können, und genau das fordert 2.90 (3). Schließlich sollte in einer guten DN-Erklärung natürlich das Antecedens wahr und das Naturgesetz gut bestätigt sein – mit einem falschen Explanans lässt sich nicht gut erklären. Darauf weist 2.90 (4) hin.

DN-Erklärungen verweisen in ihrem Explanans, wie wir gesehen haben, auf deterministische Naturgesetze. Aber es gibt natürlich auch naturwissenschaftliche Erklärungen einzelner Naturereignisse, die mit statistischen Naturgesetzen arbeiten:

2.91 *Statistische Erklärungen*

(1) Eine *statistische Erklärung von Naturgesetzen*, d. h. eine *deduktiv-statistische Erklärung*, ist eine logische Deduktion statistischer Naturgesetze (2.73) aus allgemeineren statistischen Naturgesetzen und gegebenenfalls gewissen Antecedensbedingungen.
(2) Eine *statistische Erklärung singulärer Tatsachen*, d. h. eine *induktiv-statistische Erklärung* (IS-Erklärung), ist eine Erklärung singulärer Tatsachen

unter Rückgriff auf statistische Naturgesetze. Sie hat im einfachsten Falle die Form
$F(a) \wedge p(G \mid F) = 1 - \in \Rightarrow p(G(a)) = 1 - \in$
(dabei kann die Zahl $\in$ qualitativ oder quantitativ mit $0 \leq \in \leq 1$ charakterisiert sein).

Hier sind zwei einfache Beispiele für IS-Erklärungen:

(a) »Peters Krankheit war eine Streptokokkeninfektion und wurde mit Penizillin behandelt (Antecedensbedingung). Wenn eine Streptokokkeninfektion mit Penizillin behandelt wird, ist es sehr wahrscheinlich, dass die Krankheit sich bessert (statistisches Gesetz). Also bessert sich Peters Krankheit mit hoher Wahrscheinlichkeit (Explanandum).«

(b) »Weniger als 1 Prozent aller Philosophen sind Millionäre (statistisches Gesetz). Franz ist ein Philosoph (Antecedensbedingung). Also ist Franz mit hoher Wahrscheinlichkeit kein Millionär (Explanandum).«

Eines der Probleme mit IS-Erklärungen resultiert daraus, dass sich Einzeldinge (2.43) unterschiedlich klassifizieren lassen. In diesem Fall können unterschiedliche statistische Gesetze greifen, die manchmal zu widersprüchlichen Explananda führen. Vielleicht ist z. B. Franz nicht nur Philosoph, sondern auch glücklicher Besitzer einer Diamantengrube, so dass auch folgende IS-Erklärung möglich wäre:

(c) »Mehr als 94 Prozent aller Besitzer von Diamantengruben sind Millionäre; Franz besitzt eine Diamantengrube; also ist Franz mit hoher Wahrscheinlichkeit Millionär.«

Wie sollen wir also entscheiden? Ist Franz nun nach (b) mit großer Wahrscheinlichkeit kein Millionär oder im Ge-

genteil nach (c) mit großer Wahrscheinlichkeit doch ein Millionär? Offensichtlich muss die Definition von IS-Erklärungen verbessert werden, um derartige Widersprüche zu vermeiden. Auf welche Weise genau das bewerkstelligt werden kann, können wir in dieser Einführung allerdings nicht mehr besprechen.

Abschließend müssen wir noch auf einen engeren naturwissenschaftlichen Erklärungstyp hinweisen, der im Kontext der Debatten um den Naturalismus (2.65–2.69) relevant ist. Es gibt nämlich Erklärungen von Eigenschaften, die sich auf die koextensive simultane Kausalität (2.74 (2), 2.75–2.77) berufen und daher von den gewöhnlichen Tatsachenerklärungen (2.88) unterschieden werden müssen. Wie wir gesehen haben, behaupten Tatsachenerklärungen, dass ein Ereignis die notwendige Folge eines anderen Ereignisses und der Wirkung von Naturgesetzen ist (2.90–2.91). *Eigenschaftserklärungen* dagegen sollen die Frage beantworten, *worauf* die Eigenschaften bestimmter Gegenstände *beruhen*, sollen also beantworten, was an diesen Gegenständen *dazu führt*, dass sie gewisse Eigenschaften haben. Beispielsweise können wir zu erklären versuchen, worauf die Härte von Diamanten beruht, d. h., was dazu führt, dass Diamanten hart sind. Der Kern einer solchen Erklärung muss darin bestehen, die *Mikrostruktur* von Diamanten anzugeben. Eigenschaftserklärungen haben eine *mereologische Struktur*, d. h., sie nehmen auf *Teile* eines Gegenstandes und deren *Anordnung* Bezug und zeigen, dass alle Gegenstände mit dieser Mikrostruktur die zu erklärende Eigenschaft aufweisen müssen. Es soll z. B. aus Naturgesetzen folgen, dass die molekulare Mikrostruktur von Diamanten dazu führt, dass Diamanten Metalle ritzen können (dies ist ein wichtiges Anzeichen ihrer Härte). Wir können also definieren:

2.92 *Eigenschaftserklärungen*

Die *Erklärung einer Eigenschaft F* hat folgende Struktur:

(i) Für alle x gilt: Wenn x aus den Teilen $C_1, \ldots, C_n$ mit der Anordnung O besteht, d. h., wenn x die Mikrostruktur $< (C_1, \ldots, C_n), O >$ hat, dann hat x die Eigenschaft F.

(ii) Q hat die Mikrostruktur $< (C_1, \ldots, C_n), O >$.

(iii) Also: Q hat die Eigenschaft F.

(iv) Es gibt Naturgesetze, aus denen folgt, dass Gegenstände mit der in (i) genannten Mikrostruktur alle Merkmale aufweisen, die für die Eigenschaft F charakteristisch sind.

Nur Eigenschaftserklärungen der Form (i)–(iv) erklären das, was wir *idealerweise* wissen wollen: *Wie die Eigenschaft F eines Gegenstandes in der Mikrostruktur des Gegenstandes realisiert ist,* d. h., dass und wie die Eigenschaft F in dieser Mikrostruktur *instanziiert* ist. Wenn wir z. B. auf diese Weise erklären, auf welcher Eigenschaft die Härte von Diamanten beruht, dann handelt es sich um eine *stärkere Erklärung* als die Angabe notwendiger oder hinreichender Bedingungen dafür, dass Diamanten hart werden (dies wäre eine Tatsachenerklärung).

Betrachten wir zur Erläuterung dieses grundlegenden Punktes noch ein weiteres Beispiel. Eine chemische Substanz namens Phenolphthalein ist gewöhnlich farblos, wird aber durch Hinzufügen einer Base violett. Wir können dann einerseits fragen: Was ist die Ursache für diese Farbänderung? Eine gute Antwort wäre: Die Farbänderung erfolgt durch das Hinzufügen der Base. Das wäre eine Tatsachenerklärung. Wir können aber auch fragen: Worauf beruht die violette Farbe? Die Antwort auf diese Frage besteht ungefähr darin, dass die Moleküle der Substanz bei einem bestimmten (durch die Base erzeugten) pH-Wert eine Struktur annehmen, die bestimmte Bereiche des sichtbaren Lichts absorbieren, so dass wir eine violette Farbe wahrnehmen. Dabei sollte das Naturgesetz genannt werden, dass in Molekülen dieser Struktur bestimmte Elektronen durch Lichtquanten in einen höheren Energiezustand versetzt werden, so dass die genannte Lichtabsorption erfolgt. Ereigniserklärungen können offenbar durch Eigenschaftserklärungen ergänzt, verfeinert und daher *verstärkt* werden. Aber oft ist diese Verstärkung nicht möglich oder ist noch nicht gefunden worden.

6. Theorie natürlicher Funktionen und funktionale Erklärungen

Die Idee natürlicher und lebender Systeme

Das moderne Naturbild wird jenseits von Relativitätstheorie und Quantenmechanik (2.85–2.87) durch eine weitere Einsicht ergänzt, die wir der Komplexitätstheorie verdanken (die Komplexitätstheorie ist eine Fortsetzung der Chaostheorie, 2.102 (9)). Gewisse *Naturdinge* gehorchen nicht nur Naturgesetzen (2.70–2.73), sondern weisen auch *strukturelle Spontaneität, Aktivität* und *Verhaltensplastizität* auf. Die klassische Thermodynamik als Teil der klassischen Physik sagt voraus, dass die Natur von sich aus langfristig den Wärmetod stirbt, d. h. von sich aus langfristig alle Energiedifferenzen ausgleicht und damit Differenzierung und Komplexität weitgehend zunichte macht (ungefähr so lautet der berühmte zweite Hauptsatz der Thermodynamik). Nur die Entwicklung des Lebens, die freilich auch auf natürliche Weise zustande gekommen ist, manifestiert kurzfristig einen umgekehrten Trend.

Chaostheorie und Komplexitätstheorie haben jedoch nachgewiesen, dass es in der Natur auch unterhalb der Ebene lebender Wesen zu *spontaner Strukturbildung* kommen kann, die in lokalen Bereichen jenseits linearer Gleichgewichte den zweiten Hauptsatz der Thermodynamik verletzt. Diese Strukturbildung besteht unter anderem darin, dass natürliche Gebilde ihre Komplexität steigern und auf einem bestimmten Niveau plötzlich neue Eigenschaften komplexer Gegenstände generieren, die keinem einzelnen Teil dieser Gegenstände zukommen. Dadurch gewinnen diese Naturdinge einen Überschuss an Energie gegenüber ihrer Umwelt, die sie für eigene Aktivitäten einsetzen können. Insbesondere sind sie auch *ver-*

haltensplastisch in dem minimalen Sinne, dass sie innere kausale Mechanismen aktivieren können, die auch angesichts *wechselnder* äußerer Ursachen (2.74–2.77) zumindest temporär zu ihrer Selbsterhaltung beitragen. Solche Naturdinge können wir *natürliche Systeme* (in einem minimalen Sinne) nennen.

Paradigmatische Beispiele für solche natürlichen Systeme sind einzelne Organismen, also *lebende Systeme*, aber z. B. auch Ökosysteme oder andere nicht-lineare Systeme, die unterhalb der Ebene des Lebens liegen. Bloße Steinhaufen dagegen oder der Mars lassen sich kaum als Systeme kennzeichnen. Systeme existieren allerdings vielleicht nicht nur in der Natur, sondern auch in der Gesellschaft. Wir reden beispielsweise vom Rechtssystem oder von ökonomischen Systemen. Auch Artefakte wie etwa Thermostaten könnten möglicherweise als Systeme verstanden werden. Der Systembegriff ist in aller Munde, doch wird er selten erläutert. Diese Unschärfe wird deutlich, wenn wir bedenken, dass wir etwa auch von logischen Systemen reden, aber in einem erheblich anderen Sinne als im Falle von einzelnen Organismen oder Ökosystemen. Die grundlegende Idee ist, Systeme in einem minimalen Sinne als diejenigen Naturdinge zu bestimmen, die aufgrund spontaner Strukturbildung durch höhere Komplexität von ihrer Umwelt abgrenzbar sind und daher aktiv und verhaltensplastisch sein können. Lebende Systeme sind dann spezielle natürliche Systeme – nämlich natürliche Systeme, die reproduktiv und in eine evolutionäre Entwicklung (2.94) eingebettet sind. Sie entwickeln dabei Eigenschaften mit *natürlichen Funktionen*. Beispielsweise haben hohle Knochen bei Vögeln die natürliche Funktion, durch ihr niedriges Gewicht das Fliegen zu erleichtern.

Natürliche Systeme

Beginnen wir mit einer allgemeinen Charakterisierung natürlicher Systeme, die das übliche, eher undifferenzierte Reden über Systeme eingrenzen soll:

2.93 *Natürliche Systeme*

Eine Menge $M = \{a_1, \ldots, a_n\}$ von Partikeln $a_1, \ldots, a_n$ ist ein *natürliches System* nur dann, wenn gilt:
(a) Es bestehen naturgesetzliche Beziehungen (2.70–2.73) zwischen den $a_1, \ldots, a_n$.
(b) M weist (aufgrund höherer Komplexität) gegenüber seiner Umwelt eine Innen-außen-Grenze auf.
(c) Die $a_1, \ldots, a_n$ interagieren durch die Innen-außen-Grenze von M mit der Umwelt von M.
(d) M bestimmt sein Verhalten auch durch innere Zustände.
(e) M hat einen Normalzustand mit gewissen Toleranzgrenzen, jenseits derer M zusammenbricht.
(f) M enthält einen Ausgleichsmechanismus für Abweichungen vom Normalzustand, d. h., M ist verhaltensplastisch (selbsterhaltend).

Diese Bestimmungen verlangen eine zusätzliche Erläuterung. Der Normalzustand eines Systems ist nach 2.93 (e)–(f) ein Zustand, in dem ein System sein Funktionieren und seinen Selbstbestand gegenüber seiner Umwelt aufrechterhält. Solange wie Systeme im Sinne von 2.93 existieren und identifiziert sind, müssen sie eine gleichbleibende allgemeine Struktur aufweisen, die ihre Elemente zusammenhält – also eine Struktur, die das jeweilige System ausmacht. Im Rahmen dieser Struktur durchlaufen die meisten Systeme aber verschiedene Zustände und Zustandsfolgen, die für ihre Identität nicht wesentlich sind. Die *Beziehungen* zwischen den Elementen eines Systems sind also teils konstitutiv für das System (2.55 (3)) (d. h., sie sind Voraussetzungen für die Existenz von M), teils *kontingent* (ein Wechsel, der vereinbar ist mit der Existenz von M). Jeder *Gesamtzustand* eines Systems zu einem bestimmten Zeitpunkt ist daher bestimmt durch seine konstitutiven Beziehungen und seine zu diesem Zeitpunkt bestehenden kontingenten Beziehungen. Eine *Zustandsfolge* kommt in einem System durch Wechsel seiner kontingenten Beziehungen zustande. Nun können wir den Normalzustand eines Systems etwas genauer kennzeichnen und sagen: Jeder Zustand, der mit den konstitutiven Beziehungen vereinbar ist, ist ein Normalzustand des Systems.

Es gibt auch stärkere Ausgleichsmechanismen als Verhaltensplastizität: Ein *destruktiver Systemzustand* ist ein Zustand, der die Disposition (zum Begriff der Disposition vgl. 3.108 (1)) hat, das Eintreten von Normalzuständen in M zu verhindern. Wir können dann ein System *selbstregulativ* nennen, wenn seine destruktiven Zustände im Allgemeinen einen kausalen Mechanismus auslösen, der zur Auflösung der destruktiven Zustände führt. Diese Selbstregulation kann auch *Autopoiese* (griech. = Selbstherstellung) genannt werden, insofern sich das System unter Umständen selbst repariert und auf Eigenzustände reagiert. Wichtige Arten selbstregulativer Systeme sind z. B. ökologische Systeme, selbstregulative Maschinen (etwa Temperaturregler oder Autopiloten) und individuelle Organismen. Die Selbsterhaltung und Selbstregulation eines Systems lässt uns auf unproblematische Weise verstehen, was es heißt, *dass ein System als Ganzes agiert.*

Lebende Systeme

Ein wichtiger Spezialfall von natürlichen Systemen sind *lebende Systeme* als Teile der Natur. Die lebenden Systeme können sich *kopieren* oder *reproduzieren*. Das heißt unter anderem, dass sie einige ihrer Eigenschaften auf ihre Nachfolger nach bestimmten Naturgesetzen übertragen können und dass ihre Nachfolger diese Eigenschaften nicht hätten, wenn ihre Vorgänger sie nicht gehabt hätten. Es handelt sich in solchen Fällen also um eine *Geschichte* von kausalen Reproduktionen, die so organisiert ist, dass einige Eigenschaften der Reproduktionen *stabil* gehalten werden. Eine solche Geschichte hängt von vielen weiteren kausalen Faktoren in der Umwelt dieser Entitäten ab, und daher kann diese Geschichte *mehr oder weniger erfolgreich sein*, je nachdem, wie lange die Reproduktionsgeschichte weitergeht. Diese Naturdinge bilden dann eine *reproduktive Familie*. Dieses einfache Szenario lässt sich also u. a. mit Hilfe eines *Erfolgsbegriffes* beschreiben, der lediglich durch die Länge der kausalen Reproduktionsgeschichte einer reproduktiven Familie bestimmt ist. Die Kernaussagen der Evolutionstheorie lauten also:

2.94 *Grundaussagen der Theorie der Evolution*

Eine *Evolution* findet statt, wenn vier Bedingungen erfüllt sind:

(1) Es gibt eine Population von Entitäten (2.43), deren Mitglieder die Fähigkeit haben, weitere Entitäten der gleichen Art zu produzieren (Nachkommen) *(Reproduktion)*.

(2) Es gibt Variation zwischen den Merkmalen der Mitglieder der Population *(Variation)*.

(3) Diese Merkmale sind (in einem bestimmten Maß) erblich, d. h., die Nachkommen sind in Bezug auf

diese Merkmale ihren »Eltern« ähnlicher als dem Durchschnitt der Population *(Vererbung).*

(4) Verschiedene Varianten haben aufgrund ihrer Merkmale unterschiedliche Zahlen von Nachkommen in den folgenden Generationen *(differentieller reproduktiver Erfolg).*

Im evolutionären Szenario wird vorausgesetzt, dass

(a) es in einem bestimmten Rahmen *verschiedenartige Naturdinge* und damit *verschiedenartige reproduktive Familien* gibt,

(b) die *Reproduktionen nicht ganz fehlerfrei* sind und auch zu *neuen* Eigenschaften führen können,

(c) die Umwelt dieser Familien so beschaffen ist, dass sie *knappe Ressourcen für die Energie, die für die Reproduktion benötigt wird, enthält,* und

(d) der Fall eintreten kann, dass Mitglieder von reproduktiven Familien ohne eigene Reproduktion selbst zerfallen.

Unter diesen Bedingungen werden verschiedene reproduktive Familien hinsichtlich der Eigenschaften, die sie reproduzieren, in ihrem Milieu um die Reproduktionsenergie konkurrieren. Sie werden außerdem allmählich unterschiedliche Konzentrationen und Konzentrationsraten aufweisen. Einige von ihnen werden einen Reproduktionsüberschuss gegenüber ihrer Zerfallsrate aufweisen. Unter diesen reproduktiven Familien werden einige mehr Überschuss aufweisen als der durchschnittliche Überschuss aller dieser reproduktiven Familien. Diesen Überschuss können wir als Selektionswert der entsprechenden reproduktiven Familien ansehen. Der Erfolgsbegriff für Reproduktion wird auf diese Weise im angereicherten Szenario spezifiziert zum Begriff des Selektionswertes. Einige reproduktive Familien bewahren ihre Stabilität angesichts knapper

Ressourcen für die Reproduktionsenergie unter Konkurrenz mit anderen reproduktiven Familien. Im Falle von reproduktiven Familien mit Selektionswert handelt es sich um mehr als um beliebige kausale Prozesse – nämlich um kausale Prozesse, die im Rahmen einer Geschichte von Reproduktionen unter widrigen Bedingungen eine Stabilität von Eigenschaften oder Strukturen aufrechterhalten und dies mehr oder weniger »gut« tun können.

Die evolutionären Prinzipien sind extrem allgemein. Auch dann, wenn sie meistens in Begriffen von Organismen formuliert werden, sagen sie nichts Spezifisches über die Träger evolutionärer Prozesse aus. Die Theorie ist kompatibel (= vereinbar) mit natürlicher Evolution auf der Ebene von Molekülen, Genen, Individuen oder Gruppen von Individuen. Auch die Mechanismen, die die Variation erblich machen, werden nicht spezifiziert. Wenn A gegenüber B aufgrund seiner Merkmale einen Reproduktionsvorteil hat, haben As Nachkommen in der Regel ebenfalls größeren Reproduktionserfolg als Bs Nachkommen. Selektion führt dann dazu, dass die Häufigkeit von A-Organismen im Vergleich zu B-Organismen zunimmt. Dies kann bis zur Auslöschung von B gehen. Die verbreitete Auffassung ist, dass in unserer Welt sich nur genetische Variation zuverlässig genug wiederholt, um einen Ansatzpunkt für Selektion zu bieten.

Diese Darstellung erklärt allerdings noch nicht, warum unterschiedliche Varianten differentiellen reproduktiven Erfolg haben. Nach Darwin ist dafür der »Struggle for Existence« verantwortlich, der auf der anwachsenden Zahl an Mitgliedern einer Art und Limitierungen in der Umgebung beruht: Verfolgung durch Räuber, klimatische Faktoren, Krankheit, Abhängigkeit von anderen Organismen, begrenzte Ressourcen etc. halten die Gesamtzahl der Population relativ konstant. Einige Varianten sind aufgrund ihrer Merkmale in diesem Wettbewerb erfolgreicher, und ihre Zahl nimmt zu. Die These, dass Varianten, die besser als andere *in der Lage* sind, unter den gegebenen Umweltbedingungen zu überleben und sich zu reproduzieren, auch *tatsächlich* erhalten bleiben, wird häufig das *Prinzip der natürlichen Selektion* genannt.

Die Selektionsmechanismen der Evolution, die über ganze Generationen hinweg operieren, sind offensichtlich *evolutionäre Evaluationsmechanismen*, denn sie führen zu einer Selektion derjenigen Organismen, die die größte Fitness und Adaptivität (= Fähigkeit zur Anpassung) besitzen. Aus diesem Grund können wir bereits auf dieser Stufe in einem bestimmten Sinne von *Werten* sprechen und ein *normatives* Vokabular benutzen. Wenn allerdings z. B. Fitness als evolutionärer Wert bezeichnet wird, liegen trivialisierte Lesarten dieser Behauptung nahe, etwa die Lesart, dass die jeweils überlebende Struktur maximale Fitness exemplifiziert und daher überlebt. Wir müssen daher die Intuition, dass die Überlebens- und Reproduktionswahrscheinlichkeiten *Werte* sind, genauer umreißen.

Sei S_i eine reproduktive Familie mit einer typischen Struktur der Mitglieder dieser reproduktiven Familie, die wir ebenfalls mit »S_i« bezeichnen können (wie z. B. Ulmen mit der Struktur »Ulme«); dann soll x_i die *Konzentration* dieser Struktur sein (also ein Maß für die *Häufigkeit des Vorkommens* von Mitgliedern der reproduktiven Familie S_i). Die *Änderung dieser Häufigkeit in der Zeit* sei (idealerweise) darstellbar als stetige Kurve (ohne Sprünge bzw. Lücken zwischen den Funktionswerten) mit dem Differentialquotienten (der Ableitung) dx_i/dt. Der *Zuwachs der Konzentration* x_i (also die positive Zunahme der Reproduktionsrate) sei durch den Faktor F_i beschrieben ($F_i \cdot x_i$ ist dann der Zuwachs selbst). Der Zuwachs wird eingeschränkt durch einen *Qualitäts- oder Fehlerfaktor* Q_i *bei einer Reproduktionsrate* A_i ($Q_i < 1$; für Q_i ganz nahe an 1 ist die Reproduktion fast fehlerlos). Wir haben folglich

(1) $F_i = A_i \cdot Q_i$

Die Konzentrationsabnahme (Verminderung) von x_i sei durch den Faktor R_i beschrieben ($R_i \cdot x_i$ ist dann die Abnahme selbst) – einige Mitglieder der reproduktiven Familie S_i zerfallen schließlich auch (irgendwann letztlich alle):

(2) $(F_i - R_i) \cdot x_i$

Aufgrund des Faktors Q_i, der nach (1) in F_i steckt, werden auch die Mutanten (fehlerhaft abweichende Varianten) herausgerechnet.

Es kann andererseits auch vorkommen, dass neue Mitglieder von S_i als Mutanten einer anderen reproduktiven Familie S_k entstehen; die *Wahrscheinlichkeit* dafür sei r_{ik} (also das *Maß für derartige Mutanten*), wenn x_k die Konzentration (= Häufigkeit) von S_k ist:

(3) $r_{ik} \cdot x_k$

Allerdings können aus allen von S_i verschiedenen reproduktiven Familien S_k solche S_i-Mutanten hervorgehen, so dass über alle $k \neq i$ zu summieren ist:

(4) $\sum_{k \neq i} r_{ik} \cdot x_k$

Aus diesen Komponenten (1)–(4) setzt sich dann die *Evolutionsgleichung* für S_i zusammen:

(5) $dx_i/dt = (F_i - R_i) \cdot x_i + \Sigma\, r_{ik} \cdot x_k \; (k \neq i)$

Dann ist klar, dass ausschließlich solche reproduktiven Familien bestehen bleiben (überleben), für die die Bedingung

(6) $A_i \cdot Q_i > R_i$

erfüllt ist. Die Bedingung (6) ist unabhängig von jedem Selektionsdruck formuliert. Sie gibt aber bereits Anlass zur Feststellung einer einfachen *Wertefunktion*

(7) $W_j = A_j \cdot Q_j - R_j$

die für die verschiedenen Strukturen S_j (j ist hier ein variabler Index) den *Selektionswert* $A_j \cdot Q_j - R_j$ liefert. Wenn man *alle* konkurrierenden reproduktiven Familien S_k betrachtet (mit einem allgemeinen Index k), und wenn wir die Überschussproduktion durch

(8) $E_k = A_k - R_k$

festlegen, so lässt sich eine mittlere Überschussproduktion E_o aller S_k durch

(9) $E_o = (\Sigma x_k \cdot E_k) : (\Sigma x_k)$

festlegen. Wir können dann sagen:

2.95 *Lebende Systeme und Darwins Prinzip des Überlebens des Tüchtigsten*

Sei S_i eine reproduktive Familie mit einer typischen Struktur der Mitglieder dieser reproduktiven Familie; dann gilt:

(1) *Lebende Systeme* sind natürliche Systeme, die verhaltensplastisch sind, zu einer reproduktiven Familie gehören und deren Entwicklung der Evolutionsgleichung (5) genügt.

(2) S_i hat einen *Überlebens- und Reproduktionswert im elementarsten Sinne,* wenn ihre Wertefunktion W_i einen positiven Wert liefert.

(3) S_i hat einen *Selektionswert,* wenn für ihre Überschussproduktion E_i gilt: $E_i > E_o$.

(4) *Darwin'sches Prinzip des Überlebens des Tüchtigsten*:

  (i) Diejenige *Struktur setzt sich gegenüber Konkurrenten durch*, deren Wertefunktion gegenüber ihren Konkurrenten maximal ist.

  (ii) Diejenige *reproduktive Familie setzt sich gegenüber Konkurrenten durch*, deren Überschussproduktion gegenüber Konkurrenten maximal ist, weil die Familie Strukturen besitzt, die sich gegenüber Konkurrenten durchsetzen.

Unter Punkt (4) in 2.95 wird dem Darwin'schen Prinzip des *survival of the fittest* (also dem Überleben des Tüchtigsten im Sinne des am besten an die Umwelt angepassten Wesens) eine nicht-triviale Fassung gegeben. Die Normativität, von der in diesem Prinzip die Rede ist, lässt sich nach 2.95 letztlich restlos auf Reproduktionswahrscheinlichkeiten reduzieren. Wir könnten sie als *biologische Normativität* auffassen, die zwar ein interessantes und eigenständiges Merkmal der Strukturen und Familien lebender Systeme ist, die aber in einem rein deskriptiven Vokabular beschreibbar ist.

Natürliche Funktionen und funktionale Erklärungen

Natürliche und insbesondere lebende Systeme (2.93, 2.95) unterliegen nicht nur den Naturgesetzen (2.70–2.73), sondern haben auch *natürliche Funktionen.* Ob und wie diese Funktionen mit Naturgesetzen zusammenhängen, können wir hier nicht erörtern. Der Begriff natürlicher Funktionen wird auch in späteren Kapiteln dieser Einführung eine wichtige Rolle spielen. Aus diesem Grunde müssen wir ihn ein wenig näher skizzieren. Wichtig ist zunächst, die natürlichen Funktionen nicht mit mathematischen Funktionen zu verwechseln. Um das zu sehen, sollten wir kurz an den mathematischen Funktionsbegriff erinnern:

2.96 *Mathematische Funktionen*

(1) Eine *mathematische Funktion* ist eine Zuordnungsvorschrift, die jedem Element einer gegebenen Menge A genau ein Element einer Menge B zuordnet; A heißt *Definitionsbereich,* B *Wertebe-*

reich der Funktion (B kann verschieden von A, Teilmenge von A oder gleich A sein).
(2) Eine mathematische Funktion heißt *umkehrbar eindeutig (1–1-Abbildung)*, wenn jedem Element ihres Wertebereiches genau ein Element ihres Definitionsbereiches zugeordnet ist.

Die mathematische Funktion $f(x) = x^2$ beispielsweise hat den Definitionsbereich der reellen Zahlen und den Wertebereich der positiven reellen Zahlen: Sie ordnet jeder reellen Zahl ihre Quadratzahl eindeutig zu, denn keiner reellen Zahl können zwei verschiedene Quadratzahlen zugeordnet werden. Aber zwei verschiedenen reellen Zahlen (z. B. 2 und –2) kann dieselbe Quadratzahl (hier nämlich die 4) zugeordnet werden. Das verletzt die Eindeutigkeitsvorschrift für mathematische Funktionen *nicht*!

Welchen Wertebereich haben zum Beispiel die mathematischen Funktionen (mit dem Definitionsbereich der reellen Zahlen)

(a) $f(x) = x^2-1$;
(b) $f(x) = \{5 \text{ für } x \geq 0 \text{ und } x \text{ für } x < 0\}$?

Der Wertebereich der Funktion (a) ist natürlich die Menge aller um eins verminderten positiven Quadratzahlen, während der merkwürdige Wertebereich von Funktion (b) aus der Zahl 5 und allen negativen Zahlen besteht.

Ist die Zuordnungsvorschrift F mit dem Definitionsbereich {e, g, h, i} und dem Wertebereich {x, y, z}, die definiert ist durch

F: $f(e) = z$, $f(g) = y$, $f(i) = y$, $f(e) = x$, $f(h) = y$

eine mathematische Funktion? Das ist *nicht* der Fall, denn dem Element e des Definitionsbereichs werden durch F zwei verschiedene Elemente (z und x) zugeordnet. Das aber verletzt die Eindeutigkeitsvorschrift für mathematische Funktionen.

Nicht-mathematische natürliche Funktionen unterscheiden sich deutlich von mathematischen Funktionen:

2.97 *Natürliche Funktionen*

Ein Zustand Z in der Natur hat eine *natürliche Funktion*, wenn Z eine bestimmte Rolle in einem begrenzten kausalen Zusammenhang von Naturtatsachen hat.
(a) Im einfachsten Fall hat Z die Funktion F, wenn Z den kausalen Effekt (= Wirkung) F hat (also wenn gilt $Z \supset F$).
(b) In einem etwas komplexeren Fall hat Z die Funktion F, wenn Z vorkommt, weil Z den kausalen Effekt F hat (also wenn gilt: $(Z \supset F) \supset Z$).
(c) Ein typischer Spezialfall ist, dass Z an T-Gegenständen die Funktion F hat, wenn gilt: T-Gegenstände sind im Normalzustand (= N(T)); $Z \supset F$; $N(T) \supset F$ (also wenn Z eine hinreichende Bedingung (1.12) für eine Bedingung F ist, die notwendig dafür ist, dass T im Normalzustand ist und bleibt).
(Dabei steht »$\supset$« hier für »bewirkt kausal«)

Betrachten wir beispielsweise die These
(a) Vögel haben hohle Knochen, *damit* sie fliegen können.

These (a) schreibt dem Umstand, dass Vögel hohle Knochen haben, eine natürliche Funktion zu, nämlich die Funktion, das Fliegen zu ermöglichen. Diese Zuschreibung können wir auf drei verschiedene Weisen erläutern:
(aa) Hohle Knochen haben bei Vögeln den kausalen Effekt, dass sie fliegen können (Form (a) in 2.97).

(ab) Weil hohle Knochen bei Vögeln den kausalen Effekt haben, dass sie fliegen können, haben Vögel hohle Knochen (Form (b) in 2.97).

(ac) Vögel überleben; hohle Knochen haben bei Vögeln den kausalen Effekt, dass sie fliegen können; die Fähigkeit, fliegen zu können, ist bei Vögeln notwendig dafür, dass sie überleben; also haben Vögel hohle Knochen (Form (c) in 2.97: Die Eigenschaft, hohle Knochen zu haben, ist für Vögel eine hinreichende Bedingung für eine notwendige Überlebensbedingung, nämlich fliegen zu können).

Oder betrachten wir die These

(b) Die Hopi vollführen Regentänze, die den Zweck haben, die Bindung an den Stamm (= BS) zu stärken.

These (b) schreibt den Regentänzen der Hopi eine natürliche Funktion zu, nämlich die Funktion, die Bindung der Stammesmitglieder an den Stamm zu stärken. Auch diese Zuschreibung können wir auf drei verschiedene Weisen erläutern:

(ba) Regentänze der Hopi haben den kausalen Effekt, BS zu stärken (Form (a) in 2.97).

(bb) Weil Regentänze bei den Hopi den kausalen Effekt haben, BS zu stärken, vollführen die Hopi Regentänze (Form (b) in 2.97).

(bc) Der Hopi-Stamm erhält sich als Einheit; Regentänze haben bei den Hopi den kausalen Effekt, BS zu stärken; die Stärkung des BS ist notwendig dafür, dass der Hopi-Stamm sich als Einheit erhält; also vollführen die Hopi Regentänze (Form (c) in 2.97: Regentänze zu vollführen ist für die Hopi eine hinreichende Bedingung (1.12) für eine notwendige Überlebensbedingung, nämlich BS zu stärken).

Die Hopi vollführen Regentänze natürlich *auch* deshalb, um Regen herbeizuführen. Aber das ist eine andere Geschichte, mit der wir uns später (in Bd. 5, Kap. 14) beschäftigen werden.

In 2.97 werden drei verschiedene Begriffe von natürlichen Funktionen erläutert, und zwar durch logische oder kausale Zusammenhänge, die sich, wie die Beispiele zeigen, als Thesen darstellen lassen. Diese Thesen sind, genauer betrachtet, *Argumente* oder *Erklärungen* eines bestimmten Typs, d. h., sie sind Argumente, die das Vorkommen von Zuständen oder Eigenschaften oder Aktivitäten von Gegenständen durch Verweis auf ihre natürlichen Funktionen erklären. Diese Art von Erklärungen nennt man *funktionale Erklärungen.*

Hier sind, in Kurzform, einige weitere Beispiele von funktionalen Erklärungen:

(c) Die männliche Hirschkäferlarve bohrt an zwei Stellen ihres Gehäuses ein Loch, damit sie später als Hirschkäfer Platz für ihre Zangen hat.

(d) Das Herz bei Wirbeltieren schlägt, damit das Blut im Körper zirkuliert.

(e) Im Kessel ist ein Sicherheitsventil angebracht, damit er nicht platzt.

Den drei in 2.97 definierten Begriffen von natürlichen Funktionen entsprechen daher ebenso viele Unterarten von funktionalen Erklärungen, die wir der Deutlichkeit halber noch einmal explizit angeben wollen:

2.98 *Funktionale Erklärungen*

Die funktionale Erklärung einer Naturtatsache B ist ein Argument, das zeigt, dass B eine natürliche Funktion (2.97) hat, es ist also ein Argument

(a) der Form $B \supset F$ oder

(b) der Form $(B \supset F) \supset B$ oder
(c) der Form $B \supset F, R \supset F \Rightarrow B$ (wobei R für Überleben und Reproduktion steht).

Funktionale Erklärungen erklären also das Vorkommen bestimmter Zustände von Gegenständen damit, dass diese Zustände eine bestimmte Funktion in einer der Bedeutungen von 2.97 (a)–(c) haben. Die dritte Variante ist die ausführlichste und beste Interpretation funktionaler Erklärungen. Denn der ersten Variante zufolge unterscheiden sich Funktionen überhaupt nicht von einfachen kausalen Effekten, so dass der Begriff nicht-mathematischer natürlicher Funktionen überflüssig wäre. Und die zweite Variante bringt die Schwierigkeit mit sich, dass eine kausale Beziehung selbst einen kausalen Effekt haben müsste.

Beispiel (d) könnte ausführlicher formuliert nach 2.98 eine der drei folgenden funktionalen Erklärungen darstellen:

(da) Der Herzschlag bei Wirbeltieren hat den kausalen Effekt, das Blut im Körper zirkulieren zu lassen.
(db) Bei Wirbeltieren schlägt das Herz, weil der Herzschlag bei Wirbeltieren den kausalen Effekt hat, das Blut im Körper zirkulieren zu lassen.
(dc) Bei Wirbeltieren schlägt das Herz, weil Wirbeltiere nur überleben, wenn Blut in ihrem Körper zirkuliert, und weil der Herzschlag bei Wirbeltieren den kausalen Effekt hat, das Blut im Körper zirkulieren zu lassen.

Dieses Beispiel macht klar, dass die drei Typen von funktionalen Erklärungen zunehmend komplexer werden und die zweite Erklärung die erste und die dritte Erklärung die zweite (und damit auch die erste) umfasst.

Betrachten wir folgende weitere Beispiele von Erklärungen:

(f) Sokrates ist gestorben, weil er Schierlingsgift getrunken hat, das aufgrund seiner physikalischen Eigenschaften für Menschen tödlich ist.

(g) Sokrates ist gestorben, weil er die Gesetze Athens beachten und nicht aus dem Gefängnis fliehen wollte und das Todesurteil akzeptierte.

(h) Der Euro wurde eingeführt, weil dadurch wirtschaftliche Transaktionen in Europa erleichtert werden und das wiederum die europäische Binnenwirtschaft stärkt.

(i) Fritz geht in die Disco, weil er dort Frauen kennen lernen will und glaubt, dass das am besten in Discos möglich ist.

(j) Dieser Bleistift fällt zu Boden, weil ich ihn hochgehoben und dann losgelassen habe, so dass das Gravitationsgesetz auf ihn wirkt.

(k) Es gibt deshalb Gerichte, weil die Gerichte die Rechtsordnung anwenden und damit diese Ordnung in ihrem Geltungsbereich stabilisieren.

(l) In einigen Kulturen (5.278 (4)) nicken die Leute mit dem Kopf, weil sie damit eine Verneinung ausdrücken wollen.

(m) Wir sollten nicht grausam sein, denn es ist nicht richtig, anderen Leuten in unverhältnismäßiger Weise und sinnlos zu schaden.

(n) Der Ministerpräsident gibt den Universitäten mehr Geld, weil er ihren wissenschaftlichen Standard heben will.

(o) Emma liest Kant, weil sie ihr Philosophie-Examen machen will.

Von diesen Erklärungen sind (f) und (j) DN-Erklärungen. Fälle (g), (i), (n) und (o) sind Erklärungen von Handlungen, die im Explanans auf geistige Zustände (z. B. Wünsche (5.261) und Meinungen) hinweisen (diese Art der Erklärung werden wir später noch genauer diskutieren (5.230–5.235)). Fall (l) könnte als semantische Erklärung angesehen werden: Hier wird die Bedeutung einer Geste erklärt. Fall (m) ist eine moralische Erklärung, die eine moralische Regel begründet. In diesen Beispielen scheinen keinerlei Naturgesetze zitiert zu werden. Die Fälle (h) und (k) schließlich sind funktionale Erklärungen.

Eine weitere Variante funktionaler Erklärungen greift auf den Systembegriff zurück. Wir können diese Variante als eine noch ausführlichere Version von (c) aus 2.98 ansehen:

2.99 *Funktionale Erklärungen unter Rückgriff auf den Systembegriff*

Sei S ein System (2.93), a eines seiner Teile, P(a) ein Zustand von a; dann ist die *funktionale Erklärung* »P(a) hat in S die Funktion F« ein Argument, das besagt:
(i) S befindet sich in einem Normalzustand N(S);
(ii) F(S) ist eine für den Normalzustand N(S) notwendige Bedingung (1.12); und
(iii) P(a) bewirkt F(S); daher
(iv) kommt P(a) in S vor.
Formal: (1) N(S); (2) N(S) ⊃ F(S); (3) P(a, S) ⊃ F(S); also: (4) P(a, S) (wobei P(a, S) = P(a) kommt in S vor).

Funktionale Erklärungen im Sinne von 2.99 erklären einen Systemzustand dadurch, dass dieser Zustand eine hinreichende Bedingung (1.12) für einen weiteren Systemzustand ist, der seinerseits eine notwendige Bedingung dafür ist, dass das System in einem seiner Normalzustände verbleibt.

Wichtig ist, dass funktionale Erklärungen im Sinne von (b) oder (c) in 2.98 und im Sinne von 2.99 im Gegensatz zu DN-Erklärungen nicht erklären, warum B vorkommen *musste*, sondern warum B eine mögliche und ausreichende *Lösung eines Problems* ist, zu dem es freilich im Prinzip auch andere Problemlösungen hätte geben können. Dieser Punkt lässt sich auch logisch ausdrücken: Die Aussageform

$$(p \wedge (p \supset q) \wedge (r \supset q)) \supset r$$

ist *nicht* logisch gültig (sie wird z. B. falsch für die Wahrheitsannahme p = w, q = w, r = f), d. h., r folgt nicht logisch aus den Prämissen einer funktionalen Erklärung. Auch in 2.99 kann die Konklusion (4) logisch nicht aus den Prämissen (1)–(3) gefolgert werden.

Zum Abschluss dieses Kapitels müssen wir noch eine evolutionstheoretische Erweiterung des Konzepts von natürlichen Funktionen nachtragen, die wir später für die Besprechung von Repräsentationstheorien (Kap. 8) brauchen werden. In dieses Konzept ist ein Umriss eines entsprechenden Erklärungstyps eingearbeitet. Der entscheidende Gesichtspunkt dieser begrifflichen Erweiterung besteht darin, dass wir natürliche Funktionen (2.97) ausdrücklich so definieren wollen, dass wir auch von *Dysfunktionen* reden können. Insbesondere wollen wir ausdrücken können, dass ein Wesen eine natürliche Funktion *hat*, dass es diese Funktion jedoch *mehr oder weniger gut erfüllen kann*. Anders formuliert, wir wollen ausdrücken können, dass ein Wesen einer natürlichen Funktion nach auf bestimmte Weise agieren *sollte*, ohne dass es notwendigerweise tut, was es tun sollte. Wir begegnen an diesem Punkt bereits zum zweiten Mal einer elementaren Form von *Normativität*. Für natürliche Funktionen dieses speziellen Typs hat sich der Begriff »echte Funktion« eingebürgert.

Das Konzept einer echten Funktion eines Merkmals M an einem konkreten lebenden Wesen S ist im Kern: S gehört zu einer reproduktiven Familie (vgl. vor 2.94). Dabei reproduzierten die Mitglieder dieser Familie auch immer ein Merkmal C. Einige Vorfahren von S nahmen, z. B. durch Mutation, Merkmal M an, und zwar so, dass ihr Merkmal C das Merkmal M kausal hervorrief. Dieser kausale Zusammenhang bewährte sich evolutionär, d. h., er hatte Anpassungsvorteile, so dass sich die Wesen mit Merkmalen C und M besser durchsetzen konnten und immer zahlreicher wurden (2.94). Und *daher* hat unser Wesen S auch das Merkmal C und insofern eine Vorrichtung, die M hervorrufen *kann*. Aber selbst dann, wenn C bei S das Merkmal M *nicht* hervorruft, behält C unter den angegebenen Bedingungen die *Funktion*, M hervorzurufen.

In der reproduktiven Familie der Giraffen beispielsweise haben die langen Hälse die echte Funktion, Nahrung von hohen Bäumen zu beschaffen. Das bedeutet im Wesentlichen: Einige Vorfahren der heute lebenden Giraffen entwickelten lange Hälse, und das hatte den Effekt, dass diese Vorfahren die Nahrung an hohen Bäumen besser erreichten. Dies wiederum verschaffte ihnen angesichts bestimmter Umweltbedingungen (überwiegend hohe Bäume mit Giraffennahrung in der Umgebung der Giraffen) Vorteile für ihr Überleben und ihre Reproduktion, so dass Giraffen mit längeren Hälsen unter allen Giraffen immer zahlreicher wurden. *Und das ist der Grund dafür, dass die heute lebenden Giraffen lange Hälse haben*, auch wenn es heute Umweltbedingungen geben sollte für *einige* der heute lebenden Giraffen, die es ihnen *nicht* mehr erlauben, mit ihren Hälsen ausreichend Nahrung zu erreichen, so dass *ihre* langen Hälse ihre Funktion nicht mehr (gut) erfüllen können und ein Fall von *Dysfunktionalität* vorliegt. Nur diese evolutionäre *Geschichte* der heute lebenden Giraffen erlaubt es uns zu verstehen und zu erklären, wie es gelegentlich vorkommen kann, dass Merkmale von Wesen zwar (echte natürliche) Funktionen *haben*, sie aber *zugleich* nicht gut erfüllen.

2.100 *Echte Funktionen*

(1) Eine Menge R von Gegenständen ist eine *reproduktive Familie*, wenn die Mitglieder von R durch eine Geschichte von Reproduktionen generiert werden, die bestimmte Merkmale (die *reproduktiv etablierten Eigenschaften*) transportiert.

(2) Sei R eine reproduktive Familie und C eine reproduktiv etablierte Eigenschaft der Mitglieder von R, und sei m ∈ R; dann hat C(m) die *echte Funktion* F (so dass gilt: C(m) und F(m)) gdw gilt:

(a) In der Vergangenheit von m war bei Vorfahren x_i von m C(x_i) eine Ursache (2.74–2.77) von F(x_i).

(b) Es gab eine positive statistische Korrelation zwischen C und F, d. h. $p(F|C) > p(F)$.

(c) Die Umstände (a) und (b) sind ein wichtiger Teil der naturwissenschaftlichen Erklärung (2.101 (4)) dafür, dass auch später Familienmitglieder x mit C(x) und F(x) produziert wurden und dass m existiert.

(d) m besitzt wie seine Vorfahren eine physikalische Vorrichtung, die es erlaubt (aber nicht garantiert), die Funktion F zu realisieren.

(3) Wenn der Zustand C(m) eine echte Funktion F hat, so hat er diese Funktion nicht aufgrund seiner aktuellen Performanz (= seiner konkreten Aktivität), sondern aufgrund der Geschichte der Wechselwirkungen seiner Vorfahren mit externen Ereignissen; daher kann C(m) die Funktion F haben unabhängig davon, ob es F gut, schlecht oder überhaupt nicht ausführt. Dysfunktionalität ist mit dem Vorkommen von Funktionen vereinbar.

Damit wird das Vorliegen natürlicher Funktionen *evolutionshistorisch* erklärt. Man könnte sagen, dass der Begriff natürlicher Funktionen mit der Definition echter Funktionen *historisiert* wird und dass genau diese Historisierung die Rede von Dysfunktionen zu erläutern hilft.

In der theoretischen Philosophie ist oft von *naturwissenschaftlichen Vokabularen, Beschreibungen und Erklärungen* die Rede. Und obgleich dabei unter Naturwissenschaften nicht nur speziell die Physik verstanden wird, werden diese Vokabulare, Beschreibungen und Erklärungen auch als *physikalistisch* bezeichnet.

Dennoch geht man heute meist nicht mehr davon aus, dass sich alle naturwissenschaftlichen Vokabulare und Begriffe (z. B. die Begriffe der Zelle, des Stoffwechsels und des Organismus) auf das Vokabular der Physik reduzieren lassen (d. h., dass sie sich allein durch physikalische Begriffe definieren lassen, vgl. 3.112 (iii)). Das bedeutet, dass sich der Naturalismus (2.65–2.69) nicht mehr als globale Position formulieren lässt, sondern jeweils auf spezifische Naturwissenschaften relativiert werden muss. Man könnte in diesem Zusammenhang von *lokalen Formen* des Naturalismus sprechen (vgl. 2.67):

2.101 *Naturwissenschaftliches (physikalistisches) Vokabular*

(1) Die *Vokabulare,* in denen naturwissenschaftliche Beschreibungen und Erklärungen formuliert sind, heißen *naturwissenschaftlich (physikalistisch).*

(2) Die Vokabulare verschiedener Naturwissenschaften (z. B. Physik, Biologie, Chemie, Psychologie, Kognitionswissenschaft) sind im Allgemeinen nicht durcheinander ersetzbar. Für die Privilegierung einer bestimmten Naturwissenschaft (z. B. der Physik) gibt es daher keinen Grund.

(3) Wegen (2) gibt es keine globale Form des Naturalismus, sondern nur *lokale Formen des Naturalismus*, die jeweils auf spezifische einzelne Naturwissenschaften zugeschnitten sind.
(4) *Naturwissenschaftliche Erklärungen* sind im physikalistischen Vokabular formuliert; die wichtigsten Arten naturwissenschaftlicher Erklärungen sind deduktiv-nomologische Erklärungen (2.90), statistische Erklärungen (2.91) und funktionale Erklärungen (2.98, 2.99).

Mit (2) ist eine hierarchische Schichtung der Naturwissenschaften mit Physik als Basis verträglich. Durch diese Schichtung entstünde ein einseitig gerichtetes Abhängigkeitsverhältnis zwischen den Wissenschaften: Eine höhere Wissenschaft kann niemals Behauptungen aufstellen, die der darunter liegenden widersprechen.

Moderne Naturvorstellung

Blicken wir auf die zentralen Erläuterungen und Überlegungen dieses und des letzten Kapitels zurück, so zeichnen sich die *Umrisse der modernen Naturauffassung* ab:

2.102 *Moderne Naturvorstellung*

(a) Natur ist das Reich jener Tatsachen, die durch deterministische und statistische Naturgesetze (2.72, 2.73) verbunden sind, so dass Modalbegriffe zur Beschreibung der Natur zulässig sind: Kontingenz ist irreduzibel in die Natur eingebaut.
(b) Die Geschichte der anorganischen Natur im Bereich mittlerer Größen ist bestimmt durch den

zweiten Hauptsatz der Thermodynamik (Entropie nimmt zu, d. h., Komplexität und Energiedifferenzen nehmen im Ganzen gesehen ab).

(c) Naturprozesse im Bereich mindestens mittlerer Größen laufen in einer vierdimensionalen Raum-Zeit ab, in der Räume und Zeiten nicht mehr unabhängige Parameter sind, sondern von Bewegungen abhängen; Masse ist eine Form der Energie (Relativitätstheorie (2.85)).

(d) Naturprozesse in sehr kleinen Bereichen (Quantenbereich) sind nicht-klassisch strukturiert (z. B. gibt es keine Individualität elementarer Bausteine der Natur, verschmieren Konturen, gibt es Prozesse außerhalb der Raum-Zeit, die holistisch organisiert sind, und ist Objektivität eingeschränkt).

(e) Die Natur enthält einen Bereich des Organischen (des Lebens), dessen Geschichte (Evolution (2.94)) durch reproduktive Familien bestimmt ist, die sich unter knappen Reproduktionsressourcen und Selektionsdruck mit Hilfe von Mutationen zu mehr Adaptivität und Komplexität entwickeln.

(f) Im Rahmen der Evolution entwickeln sich in der Natur auch natürliche Funktionen (2.97) und Systeme (2.93).

(g) Auch im anorganischen Bereich kommt es zu spontaner Bildung von Komplexität und neuen Konfigurationen (Nicht-Linearität, Chaos); in diesem Bereich sind verlässliche Prognosen unmöglich.

Sämtliche in 2.102 aufgeführten Punkte lassen sich gegenüber dem klassischen Naturbegriff (2.84) als neue Elemente der Naturvorstellung verstehen: der Indeterminismus (a), die stärkere Betonung der Naturgeschichte (b), die neue Bestimmung von Raum und Zeit (c), die rätselhaften Strukturen der Quantenwelt (d), die evolutionstheoretische Auszeichnung des Lebens und seiner Entwicklung (e)–(f), und die strukturelle Kreativität der anorganischen Natur (g).

Übungen

Vorbemerkung: Die Lösungen der Übungsaufgaben sollten möglichst prägnant formuliert werden. Reine Ja-Nein-Antworten reichen allerdings nicht aus. Die Antworten sollten stets unter Bezugnahme auf die entsprechenden Explikationen im Haupttext begründet werden.

Am Ende der Kapitel werden jeweils drei der einflussreichsten Artikel oder Buchkapitel zum Thema des Kapitels angegeben. Diese Originalarbeiten können bei der Durcharbeit des Grundkurses zusätzlich mit Gewinn gelesen werden. Sie können aber auch als Grundlage von jeweils drei weiteren Übungsaufgaben betrachtet werden, die sämtlich eine Analyse der Texte im Umfang von 3 bis 6 Seiten zum Inhalt haben. Die Texte werden daher mit einer AN-Nummerierung (AN für Analyse) den übrigen Übungsaufgaben hinzugefügt.

Übungen zu Kapitel 4: Metaphysik

34. Welche der folgenden Gegenstände sind nach 2.43 konkrete Einzeldinge, welche sind abstrakte Einzeldinge, konkrete Universalien oder abstrakte Universalien?

Napoleon, gelb, die Oper »Orfeo« von Monteverdi, warm, mehr als einen Meter lang, naturgesetzlich, der kleinste Spion der USA, Atombombe, die Zahl 6, vollkommene Zahl (eine Zahl, die gleich der Summe ihrer Teiler ist), Kleid, Quark, quark (englisch!), die Französische Revolution

35. Worin besteht nach 2.45 und 2.46 der entscheidende Unterschied in den Erklärungen des ontologischen Realismus und des klassischen Nominalismus für die Tatsache, dass einzelne Gegenstände in einigen Eigenschaften übereinstimmen?

36. Betrachten Sie Sokrates' These »Gerechtigkeit ist eine Tugend«: Wie lässt sich die Referenz des Ausdrucks »Gerechtigkeit« in dieser These (a) dem ontologischen Realismus zufolge, (b) dem klassischen Nominalismus zufolge erklären?

37. Welche These ist gemäß 2.47 für die Tropentheorie gegenüber ontologischem Realismus *und* klassischem Nominalismus charakteristisch und spezifisch?

38. Welche der folgenden Eigenschaften sind dem aristotelischen Essentialismus (2.55) zufolge Arten, welche nur Eigenschaften?

Katze, rot, intelligent, Ulme, hochgewachsen, Haus, CO_2, Eltern zu haben (für Menschen)

39. Ist nach 2.49 der metaphysische Realismus eine hinreichende Bedingung oder eine notwendige Bedingung für den erkenntnistheoretischen Realismus? Oder gilt beides? Oder gilt nichts von beidem?

40. Der einflussreiche englische Philosoph Michael Dummett hat den Realismus durch folgende vier Thesen gekennzeichnet:

(a) Es ist möglich, dass das Wahrsein einer Aussage unerkennbar ist.
(b) Das Verstehen aller Aussagen funktioniert nach dem Schema des Verstehens der Bedeutung der logischen Junktoren.
(c) Jede Aussage ist wahr oder falsch.
(d) Jede Aussage, die wahr ist, muss aufgrund von etwas wahr sein.

Welche dieser Thesen findet sich in 2.49–2.51 wieder?

Gibt es darunter Thesen, die sich *nicht* in 2.49–2.51 wiederfinden? Gibt es in 2.49–2.51 Thesen, die sich *nicht* unter den Thesen (a)–(d) wiederfinden?

41. Welche Unterschiede bestehen zwischen dem metaphysischen und erkenntnistheoretischen Realismus einerseits und dem internen Realismus (2.52) andererseits?

42. Stellen Sie sich ein merkwürdiges Buch vor: Das Buch hat 100 Seiten, aber davon sind die ersten 99 Seiten leer. Auf der Seite 100 steht der Satz: »Der Satz, der auf Seite 100 dieses Buches steht, ist falsch.« Stellen Sie die Antinomie, die sich aus diesem Satz ergibt, in der Form des Schemas in 2.53 dar.

43. Welche der folgenden Gegenstände gehören dem Materialismus zufolge (2.64) zur Welt?

Steine, Lichtwellen, Masseteilchen, Wärme, statistische Wahrscheinlichkeiten, Raum-Zeit-Krümmungen

44. Ist der Materialismus eine notwendige Bedingung des Physikalismus (2.65)?

45. Denken Sie an den alten Sokrates: Er war aufmüpfig, schlau, ein Kind seiner Eltern, ein Bürger Athens, ein Mensch, einflussreich, und hat kein Wort geschrieben. Welche dieser Eigenschaften sind nach 2.55 essentiell und werden folglich nach 2.61 durch sortale Prädikatoren beschrieben?

46. (a) Definieren Sie unter Benutzung von 2.56 cont ($\neg$ p) mittels des Notwendigkeitsbegriffes.

(b) Zeigen Sie: cont (p) $\equiv$ cont ($\neg$ p)

(Abkürzungen: cont (p) = es ist kontingent, dass p; nec (p) = es ist notwendig, dass p; poss (p) = es ist möglich, dass p)

47. (a) Geben Sie zwei Definitionen D1 und D2 von Immanuel Kant an, so dass die Behauptung »Kant schrieb einflussreiche philosophische Werke« gemäß 2.58 nach D1 de dicto notwendig ist, nach D2 jedoch *nicht* de dicto notwendig ist (Hinweise: Wenn die Behauptung Q(a) aus der Definition D(a) logisch oder analytisch folgt, ist Q(a) de dicto notwendig; Definitionen von Einzeldingen haben die Form von Kennzeichnungen; und: Unterstellen Sie, dass die *Kritik der reinen Vernunft* ein einflussreiches philosophisches Werk Kants ist).

(b) Geben Sie zwei Definitionen des Menschen an, so dass die Behauptung »Der Mensch ist zu elementarem Rechnen fähig« nach der einen Definition de dicto notwendig ist, nach der anderen jedoch nicht (unterstellen Sie dabei z. B., dass elementare Rechenfähigkeit eine Konsequenz von Intelligenz oder Rationalität ist).

48. Denken Sie an die *grammatische* Unterscheidung zwischen Substantiven und Adjektiven:

(a) Wie verhält sich diese Unterscheidung zur *logischen* Unterscheidung zwischen Nominatoren und Prädikatoren?

(b) Wie lässt sie sich auf der Basis des Essentialismus kommentieren?

49. (a) Geben Sie jeweils zwei Beispiele von unbedingt notwendigen, bedingt notwendigen und biologisch (oder physikalisch oder ökonomisch oder psychologisch oder soziologisch) notwendigen Sätzen im Sinne von 2.57 an.

(b) Geben Sie vier Beispiele von starren Designatoren (2.62) an.

50. Beschreiben Sie den Unterschied zwischen Möglichkeit und Kontingenz gemäß 2.56 in eigenen Worten.

51. Einige einflussreiche antike und mittelalterliche Philosophen haben definiert:

(*) Es ist notwendig, dass p, genau dann, wenn p zu allen Zeiten der Fall ist.

In (*) (oft auch »Prinzip der Fülle« genannt) wird also Notwendigkeit mit Ewigkeit identifiziert.

(a) Was folgt aus (*) zusammen mit 2.56 (1) (a) für den Begriff der Möglichkeit?

(b) Ist dieser Möglichkeitsbegriff auf der Basis von (*) für Sie intuitiv akzeptabel?

Bitte begründen Sie Ihre Antwort kurz unter Auswertung der Informationen in 2.59 bis 2.61.

52. Besuchen Sie die Bibliothek eines philosophischen Instituts.

(a) Schlagen Sie dort in der *Routledge Encyclopedia of Philosophy*, hrsg. von E. Craig, unter dem Stichwort »Possible Worlds« nach, lesen Sie jeweils den ersten Absatz der Teile 2–5 des Artikels und stellen Sie in fließendem Text kurz die vier Interpretationen von möglichen Welten zusammen, die in diesen Absätzen umrissen werden. Wie heißt der Autor des Artikels?

(b) Schlagen Sie in demselben Werk den Artikel »Necessary truth and convention« nach und lesen Sie den ersten Abschnitt (»The linguistic theory of necessity«), der die sogenannte konventionalistische Theorie der Notwendigkeit (allgemeiner: der Modalitäten) beschreibt. Bitte erläutern Sie in kurzen Texten:

(i) Mit welcher der in 2.55–2.63 skizzierten Interpretation von Notwendigkeit hängt die konventionalistische (= linguistische) Theorie zusammen?

(ii) Welche Probleme des konventionalistischen Ansatzes werden am Ende von Abschnitt 1 erwähnt?
Lesen Sie auch den ersten Absatz des zweiten Teils des Artikels.

(iii) Welche Position wird hier skizziert (relativ auf 2.55–2.63)?

(iv) Welche Philosophen werden als Vertreter dieser Position genannt?

53. Wie unterscheiden sich der (allgemeine) Naturalismus nach 2.65, der metaphysische Naturalismus nach 2.67 und der eliminative Naturalismus nach 2.68?

AN 4.1. Quine, W. v.: Was es gibt. In: W. v. Q.: Von einem logischen Standpunkt, Frankfurt a. M. / Berlin 1979. S. 9–25.
AN 4.2. Kripke, S.: Name und Nowendigkeit. Frankfurt a. M. 1981. 1. Vortrag. S. 31–84.
AN 4.3. Wright, C.: Wohin führt die aktuelle Realismusdebatte? In: W. R. Köhler (Hrsg.): Realismus und Antirealismus. Frankfurt a. M. 1992. S. 300–334.

Übungen zu Kapitel 5: Naturphilosophie und nomologische Erklärungen

54. Welche der folgenden Sätze beschreiben nach 2.70 Naturgesetze? (Begründen Sie Ihre zustimmenden und ablehnenden Antworten und gehen Sie dabei inhaltlich auf jedes Beispiel gesondert ein):

(a) Immer dann, wenn ein magnetischer Eisenstab zerbrochen wird, sind seine Teile wieder magnetisch.

(b) Immer dann, wenn man »p« behaupten kann, darf man rationalerweise auch »p oder q« (mit einem beliebigen Satz »q«) behaupten.

(c) Immer dann, wenn man etwas verspricht, soll man es auch halten.

(d) Ein kräftefreier Körper bewegt sich geradlinig gleichförmig.
(e) Jeder geistige Zustand hat einen Gehirnzustand als Ursache.
(f) Schäfer hüten Schafe.
(g) Die Frauen im Zeitalter Homers besaßen größere soziale Freiheiten als im klassischen Athen.
(h) Wenn eine Kraft F auf einen Körper der Masse m wirkt, beschleunigt sie ihn mit F: m.
(i) Die Warenproduktion erscheint historisch weder schlagartig noch umfasst sie sofort ganze Gesellschaften.
(j) Alle Tische sind Möbelstücke.
(k) Immer dann, wenn eine Person sich sehnlichst etwas wünscht, tut sie alles, um das Gewünschte zu erreichen.
(l) Kräfte sind proportional zu Beschleunigungen.
(m) Alle Präsidenten der USA fühlen sich als Führer der freien Welt.

55. Wie kann man die folgende kleine Unterhaltung mit Hinblick auf statistische Gesetzmäßigkeiten (2.73) kommentieren?

A: »Eines steht fest: Wer intensiv Philosophie studiert, wird philosophische Probleme mit größter Wahrscheinlichkeit zunehmend attraktiv finden.«

B: »Das ist Unsinn, denn ich habe intensiv Philosophie studiert und finde philosophische Probleme immer weniger attraktiv.«

56. Geben Sie die wichtigsten Probleme an, mit denen der klassische Determinismus und Indeterminismus (2.78) behaftet sind (vergleichen Sie dazu die theoretischen Alternativen 2.79–2.82).

57. Inwiefern widerspricht die Relativitätstheorie nach 2.84 und 2.85 dem klassischen Naturbild?

58. Was unterscheidet statistische Erklärungen von DN-Erklärungen hinsichtlich ihrer Überprüfung an Einzelbeispielen (2.90 und 2.91)?

59. Geben Sie ein einfaches Beispiel einer Erklärung an, die die Bedingungen 2.90 (1)–(2), aber nicht 2.90 (3) erfüllt.

AN 5.1. Hempel, C. G.: Philosophie der Naturwissenschaften. München 1974. Kap. 4. S. 69–99.
AN 5.2. Salmon, W.: Scientific Explanation: Three General Conceptions. In: W. S.: Scientific Explanation and the Causal Structure of the World. Princeton 1984. Kap. 1. S. 3–23.
AN 5.3. Weizsäcker, C. F. v.: Die Unendlichkeit der Welt. In: C. F. v. W.: Zum Weltbild der Physik. Stuttgart 1963. S. 118–158.

Übungen zu Kapitel 6: Theorie natürlicher Funktionen und funktionale Erklärungen

60. Definitionsbereich seien die reellen Zahlen R, die alle rationalen und irrationalen Zahlen umfassen. Welchen Wertebereich haben dann gemäß 2.96 die mathematischen Funktionen

(a) $f(x) = x^2$
(b) $f(x) = \{3$ für $x \geq 0$ und 7 für $x < 0\}$

61. Sind die Zuordnungsvorschriften

(a) F: $f(a) = m$ Definitionsbereich: $\{a, b, c, d\}$
$f(b) = n$ Wertebereich: $\{m, n, o\}$
$f(c) = o$
$f(d) = m$

(b) G: f(a) = n
f(b) = n (Definitionsbereich und Wertebereich wie in (a))
f(c) = m
f(a) = o
f(d) = m

(c) H: f(a) = n
f(b) = n (Definitionsbereich und Wertebereich wie in (a))
f(c) = m
f(d) = m

Funktionen im mathematischen Sinne?

62. (a) Nennen Sie Funktionen der Sonne im Sinne von 2.97 (a).
(b) Nennen Sie eine Funktion des Blutkreislaufes im Sinne von 2.97 (b).
(c) Bitte prüfen Sie, ob man Geld so auffassen kann, dass es eine Funktion im Sinn von 2.97 (c) hat.

63. Hier sind verschiedene Erklärungen. Bitte begründen Sie, welche dieser Erklärungen kausal (im Sinne von 2.90), welche funktional (im Sinne von 2.98) und welche weder funktional noch kausal sind.
(a) Bach hat *Das wohltemperierte Klavier* geschrieben, weil er die Möglichkeiten der Modulationstechnik in wohltemperierter Stimmung demonstrieren wollte.
(b) Ich lese die »Metaphysik« von Aristoteles, weil ich Philosophie-Examen machen will und Aristoteles' theoretische Philosophie zu meinen Prüfungsgebieten gehört.
(c) Dieser Stein, den ich von der Mastspitze unseres fahrenden Schiffes habe fallen lassen, ist am Fuß des Mastes (und nicht am Heck des Schiffes) aufgetroffen, weil er sowohl von der Erde angezogen wird als auch einen Bewegungsimpuls vom fah-

renden Schiff erhalten hat und Kräfte sich überlagern.

(d) Gegenstände im freien Fall werden beschleunigt, weil Kräfte proportional zu Beschleunigungen sind und auf Gegenstände im freien Fall hauptsächlich die Gravitationskraft wirkt.

(e) Giraffen haben lange Hälse, weil sie dadurch Nahrung an hohen Bäumen erreichen.

(f) Erfolgreiche Jäger einiger Stämme verteilen ihre Beute auch an erfolglose Jäger und ihre Familien, weil dadurch ihr Stamm bessere Überlebenschancen hat. Oder weil die erfolgreichen Jäger Mitleid mit ihren hungernden Stammesgenossen haben.

(g) Die Leute klatschen nach einem gut gelungenen Konzert, weil sie damit ihre Begeisterung zeigen und die Musiker für ihre Arbeit und Anstrengung belohnen wollen.

(h) Jesus wird in der jüdischen Tradition Gottes Sohn genannt, weil er als Prophet aus Davids Stamm unter der Fügung von Jahwe stand. In der späteren griechischen Interpretation wird er Gottes Sohn genannt, weil er das natürliche Kind Gottes und einer Sterblichen war.

(i) Man soll ständiges Betrügen vermeiden, weil Vertrauen und ein Netz stabiler reziproker Erwartungen herrschen soll, das durch ständiges Betrügen zerstört wird.

(j) Ich habe mein Versprechen gebrochen und dich nicht besucht, weil mein Freund schwer erkrankt ist und ich ihm helfen musste.

(k) In den meisten Staaten gibt es eine Polizei, weil Ruhe und Ordnung herrschen muss und dies durch die Polizei garantiert wird.

(l) Der Thales-Satz gilt im Wesentlichen deshalb, weil die Basiswinkel gleichschenkliger Dreiecke gleich sind.

(m) Franz ist gestern verunglückt, weil er nachts angetrunken Fahrrad gefahren ist und es stark regnete – unter solchen Umständen ist die Wahrscheinlichkeit von Unfällen hoch.

64. Sind die folgenden Argumente deduktiv-nomologische Erklärungen (d. h. Erklärungen, die die Bedingungen von 2.90 erfüllen)? Wenn dies zutrifft, versuchen Sie das Argument als DN-Erklärung zu rekonstruieren.

(a) Die neue Brücke ist nur deshalb zusammengestürzt, weil der Bauunternehmer minderwertigen Stahl verwendet hat.

(b) Das Schmelzen des Eisstückes in diesem Wasserglas erhöht den Wasserspiegel in diesem Glas nicht, weil jeder in einer Flüssigkeitsmenge schwimmende Körper eine Flüssigkeitsmenge verdrängt, die dasselbe Gewicht hat wie er selbst, weil ferner bei Temperaturen über 0 Grad und atmosphärischem Druck der Übergang von Eis in einen flüssigen Zustand das Gewicht nicht ändert, und weil schließlich bei konstantem Druck und konstanter Temperatur Wassermengen mit demselben Gewicht auch dasselbe Volumen haben.

65. Rekonstruieren Sie die folgenden Erklärungsansätze mit Hilfe des Schemas der funktionalen Erklärungen unter Rückgriff auf den Systembegriff (2.99):

(a) Einige australische Eingeborenenstämme haben Totembräuche, weil diese Bräuche kosmologische Vorstellungen lebendig halten, die dazu beitragen, die soziale Ordnung des Stammes zu stabilisieren *(A. R. Radcliffe-Brown)*.

(b) Einige Menschen zeigen zwangsneurotisches Verhalten (z. B. Agoraphobie, d. h. Platzangst), weil dieses Verhalten Ängste bindet (»die Symptome binden die psychische Energie, die sonst als Angst abgeführt würde«). Diese Angstbindung bewahrt die Zwangsneurotiker vor schwersten seelischen Krisen und Zusammenbrüchen *(Freud)*.

66. Geben Sie zwei eigene Beispiele von nicht-lebenden natürlichen Systemen im Sinne von 2.93 an.

67. In welchem Sinne bezieht sich die Evolutionstheorie (2.94 und 2.95) auf Werte?

68. Welchen theoretischen Vorteil bietet die Idee echter Funktionen nach 2.102 gegenüber der einfacheren Idee natürlicher Funktionen nach 2.97?

AN 6.1. Neander, K.: The Teleological Notion of »Function«. In: Australian Journal of Philosophy 69 (1991) S. 454–468.
AN 6.2. Hempel, C. G.: The Logic of Functional Analysis. In: C. G. H.: Aspects of Scientific Explanation. New York 1965. S. 297–330.
AN 6.3. Dupré, J.: Darwins Vermächtnis. Frankfurt a. M. 2005. Kap. 1–4. S. 9–70.

Literaturhinweise

Grundlegende Schriften

Dummett, M.: The Logical Basis of Metaphysics. Cambridge (Mass.) 1991.

Kripke, S. A.: Naming and Necessity. In: Davidson, D. / Harman, G. (Hrsg.): Semantics of Natural Language. Dordrecht 1972. S. 253–355, 763–769. – Dt.: Name und Notwendigkeit. Frankfurt a. M. 1981.

Quine, W. v.: Word and Object. Cambridge (Mass.) 1960. – Dt.: Wort und Gegenstand. Stuttgart 1980.

Einführungen zu Kap. 4

Burkhart, H. / Smith, B. (Hrsg.): Handbook of Metaphysics and Ontology. München 2001.

Inwagen, P. v.: Metaphysics. Boulder 2002.

Kim, J. / Sosa, E. (Hrsg.): A Companion to Metaphysics. Oxford 1995.

Loux, M. (Hrsg.): The Possible and the Actual. Ithaca / New York 1979.

– Metaphysics – A Contemporary Introduction. London / New York 1998.

Runggaldier, E. / Kanzian, Ch.: Grundprobleme der analytischen Ontologie. Paderborn 1998.

Weiterführende Literatur zu Kap. 4

Armstrong, D.: Universals and Scientific Realism. Cambridge 1978.

Campbell, K.: Abstract Particulars. Oxford 1990.

Crane, T. / Farkas, K. (Hrsg.): Metaphysics. Oxford 2004.

Devitt, M.: Realism and Truth. Oxford 1991.

Dummett, M.: Truth and Other Enigmas. London 1978. – Dt.: Wahrheit. Stuttgart 1982.

Hale, R.: Abstract Objects. Oxford 1987.
Hintikka, J.: The Modes of Necessity. In: Acta Philosophica Fennica 16 (1963) S. 65–81.
Jackson, F.: From Metaphysics to Ethics. Oxford 1998.
Künne, W.: Abstrakte Gegenstände. Frankfurt a. M. 1983.
Lewis, D.: On the Plurality of Worlds. Oxford 1986.
Loux, M.: Substance and Attribute. Dordrecht 1978.
Montague, R.: Logical Necessity, Physical Necessity, Ethics, and Quantifiers. In: Inquiry 4 (1960) S. 259–269.
Putnam, H.: Two Philosophical Perspectives. In: H. P.: Reason, Truth, and History. Cambridge 1981.
Quine, W. v.: On What There Is. In: W. v. Q.: From a Logical Point of View. New York 1948.
– From a Logical Point of View. Cambridge (Mass.) 1953. – Dt.: Was es gibt. In: Von einem logischen Standpunkt. Frankfurt a. M. 1960.
Wright, C.: Realism, Meaning, and Truth. Oxford 1987.

Einführungen zu Kapitel 5

Bartels, A.: Grundprobleme der modernen Naturphilosophie. Paderborn 1996.
Esfeld, M.: Einführung in die Naturphilosophie. Darmstadt 2002.
Hacking, I.: Representing and Intervening. Introductory Topics in the Philosophy of Natural Science. Cambridge (Mass.) 1983. – Dt.: Einführung in die Philosophie der Naturwissenschaften. Reinbek 1996.
Hempel, C. G.: Philosophy of Natural Science. New Jersey 1966. – Dt.: Philosophie der Naturwissenschaften. Köln 1974.
Nagel, E.: The Structure of Science. London 1961.
Pitt, J. (Hrsg.): Theories of Explanation. New York 1989.
Selleri, F.: Die Debatte um die Quantenmechanik. Braunschweig 1990.
Sosa, E. / Tooley, M. (Hrsg.): Causation. Oxford 1993.

Weiterführende Literatur zu Kapitel 5

Achinstein, P.: The Nature of Explanation. New York 1983.
Armstrong, D.: What is a Law of Nature? Cambridge 1983.
Barrow, J. D.: Die Natur der Natur. Wissen an den Grenzen von Raum und Zeit. Heidelberg 1993.
Cartwright, N.: How the Laws of Physics Lie. Oxford 1983.
Dretske, F.: Laws Of Nature. In: Philosophy of Science 44 (1977) S. 248–268.
Feynman, R. / Leighton, R. / Sands, M.: The Feynman Lectures on Physics. Reading (Mass.) 1963. – Dt.: Vorlesungen über Physik. München 1987.
Fraassen, B. van: Laws and Symmetry. Oxford 1989.
Hempel, C. G.: Aspects of Scientific Explanation and Other Essays. New York 1965.
Krips, H.: The Metaphysics of Quantum Theory. Oxford 1987.
Salmon, W.: Scientific Explanation and the Causal Structure of the World. Princeton 1984.
Woodward, J.: Making Things Happen. A Theory of Causal Explanation. Oxford 2003.

Einführungen zu Kapitel 6

Dupré, J.: Darwin's Legacy: What Evolution Means Today. Oxford 2003. – Dt.: Darwins Vermächtnis. Frankfurt a. M. 2005.
Krohs, U. / Toepfer, G.: Einführung in die Philosophie der Biologie. Frankfurt a. M. 2005.
Sober, E.: Philosophy of Biology. Boulder 2000.
Stegmüller, W.: Teleologie, Funktionalanalyse und Selbstregulation. In: W. St.: Probleme und Resultate der Wissenschaftstheorie und Analytischen Philosophie I. Berlin / Heidelberg / New York 1969. Tl 4.
Sterelny, K. / Griffith, P.: Sex and Death. An Introduction to the Philosophy of Biology. Chicago 1999.

Weiterführende Literatur zu Kapitel 6

Cummins, R.: Functional Analysis. In: Journal of Philosophy 72 (1975) S. 741–765.

Detel, W. / Samson, B.: Zum Begriff nicht-mathematischer Funktionen. In: Analyse und Kritik 24 (2002) S. 100–129.

Godfrey-Smith, P.: A Modern History Theory of Functions. In: Nous 27 (1994) S. 344–362.

Griffith, P. E.: Functional Analysis and Proper Functions. In: British Journal of Philosophy and Science 44 (1993) S. 409–422.

Hempel, C. G.: The Logic of Functional Analysis. In: C. G. H.: Aspects of Scientific Explanation. New York 1965.

Millikan, R. G.: White Queen Psychology and Other Essays for Alice. Cambridge 1993.

Neander, K.: The Teleological Notion of Function. In: Australian Journal of Philosophy 69 (1991) S. 454–468.

Wright, L.: Functions. In: Philosophical Review 82 (1973) S. 139–168.

– Teleological Explanations. Berkeley 1976.

Register

Das Register listet die Begriffe und Positionen auf, die in den grauen Kästen erläutert werden. Die Haupteinträge sind fast immer Substantive. In den Untereinträgen wird zum Teil auch nach Adjektiven gelistet. Die Zahlen in Klammern geben die Nummer der Erläuterung (oder Definition) an, in der die gelisteten Begriffe vorkommen. Die Zahlen ohne Klammern geben die Seite an, auf der die zuvor genannte Erläuterung vorkommt.